空調設備配管設計再入門

～徹底解説　圧力線図とポンプの運転～

上村　泰　著

日本工業出版

はしがき

　本書をご覧になると内容が偏っていると感じられると思うので、その意図を説明させていただきたい。本書の主要な項目は圧力線図とポンプの運転の2つであるが、いずれも図で表現することが適しているものであることと、配管系内の圧力のバランスに深く関係している内容である。著者は長く設備工事会社の設計部門に勤務していたが、建物の高層化や省エネの追求の進展で、これらに関する知識の重要性が増していると思う。一方、最近は初心者向けに分かりやすく工夫された参考書が種々刊行されているが、全般的に解説しなければならない故に，図で説明しなければならないこれらの項目の説明が十分ではないようにも感じていた。従って、本書は空調設備配管について全般的に解説するのではなく、他書にはない内容に絞った副読本的なものとなっている。

　本書は、設備工事会社の退職を機に、「建築設備と配管工事」に解説として掲載したものが元になっている。その後、日工セミナーとしてこのテーマで年2回の講習会の開催を続けており、その都度、内容の充実を図ってきたのでそれらを書き加えて書籍化することとした。再度、雑誌に掲載することも考えたが、書籍化の機会を与えていただいたことに感謝する次第である。

　著述にあたっては、できるだけ現実的な数値を用いることと、実際の運転状態を想定して示すことを心がけた。読者の皆さまが疑問に思われていたこと、気になっておられたことの回答が本書の中に一箇所でもあれば、と願ってやまない。

上村　泰

空調設備配管設計再入門
＜目　次＞

第2章　配管システム

第3章　圧力線図

第4章　ポンプの特性と運転

第5章　並列運転ポンプの運転計画

第6章　演習

<table>
<tr><td>第1章</td><td>配管の設計</td></tr>
</table>

1.1　配管材料の特徴と選択

　空調設備で用いられる配管材料には表1.1のようなものがあり、耐圧・耐熱性、耐用年数（耐食性）、経済性、施工性、信頼性（実績）などを勘案して選択される。

表1.1　空調設備で用いられる代表的な配管材料

呼称	解説・特徴	空調設備での用途
配管用炭素鋼鋼管 SGP（黒）	SGP（白）はSGP（黒）に亜鉛めっきを施したもの。15～500A。JISでは亜鉛めっきは付着量では規定されておらず、硫酸銅試験で均一性を試験することとされている。水圧試験圧力は2.5 MPa。一般に圧力は1.0 MPaまで、温度は–15～350℃。	蒸気往管・還水管 ブライン配管
配管用炭素鋼鋼管 SGP（白）		密閉回路の冷温水管 冷却水管、ドレン管
水配管用亜鉛めっき鋼管 SGPW	SGP（黒）が原管であることはSGP（白）と同じであるが、JISで亜鉛の付着量は最低550 g/m^{2}以上、平均は600 g/m^{2}以上と規定されている。15～300A。かつて、給水管に使われたが腐食が避けられず現在では使われない。	密閉回路の冷温水管 冷却水管
圧力配管用炭素鋼鋼管 STPG370（黒）	15～600A、肉厚はSch10～80。水圧試験圧力は6.0 MPa。STPG370とSTPG410の種類があるが、3.0 MPaまではSTPG370でよい。白管の亜鉛めっきについてはSGPと同様に硫酸銅試験で均一性を試験することとされている。	蒸気還水管（還水処理剤を用いる場合）
圧力配管用炭素鋼鋼管 STPG370（白）		密閉回路の冷温水管 冷却水管
一般配管用ステンレス鋼管 SUS-TPD	SUS-TPDは寸法呼称が鋼管と異なることに注意。15～300Su。ステンレス協会では各種継手を含んだシステムとして適用推奨範囲を2.0 MPaとしている。SUS-TPはSUS-TPDより厚肉。Sch5S～160。一般的な水質ではSUS304で耐食性は十分。	開放回路の冷温水管 給水管、蒸気還水管
配管用ステンレス鋼管 SUS-TP		開放回路の冷温水管・温水管
塩ビライニング鋼管 SGP-VA	SGP内面に硬質塩化ビニル管をライニングした配管。VAはSGP（黒）が原管。温度は40℃まで。他にSGPWを原管にしたVB、VAの外面にもライニングしたVDがある。HVAはSGP内面に耐熱性硬質塩化ビニル管をライニングした配管で、85℃以下で用いられる。	開放回路の冷水管、給水管
耐熱塩ビライニング鋼管 SGP-HVA		開放回路の冷温水管・温水管
銅管	りん脱酸銅の継目無し管が使われる。脱酸素することにより水素脆化がなくなる。8～150A。肉厚の大きい順にK、L、Mがある。冷媒用には断熱材被覆銅管が使われている。	小口径の冷温水管
硬質ポリ塩化ビニル管 VP、VU	厚肉のVP管が用いられる。他に、耐火二層管や結露防止層付塩化ビニル管も使われている。	ドレン管
金属強化ポリエチレン管	架橋ポリエチレン管の中間層に金属層を配置した配管。10～50A、長尺管は25Aまで。	小口径の冷温水管
架橋ポリエチレン管 ポリブデン管	15～25A。長尺管で用いられる。酸素の透過性に留意。	床暖房用配管など

弁類には表1.2のようなものがあるが、配管材料に準じた材質の弁が選択される。弁本体の材質は青銅製・鋳鉄製が一般的であるが、バタフライ弁は軽量であることからアルミダイカスト製がよく用いられる。弁類の耐圧は呼び圧力で表示され、汎用性の面から、10K・16K・20Kの製品が使用されている。主要配管には強度や耐火性も必要であり、炭素鋼鋼管・ライニング鋼管・ステンレス鋼鋼管など金属管が使われている。全般的に配管材料の価格と耐食性は比例関係にあり、空調設備の配管系は腐食環境としてはマイルドであることから、炭素鋼鋼管が選択される。現状では施工性でも炭素鋼鋼管に優位性があるが、優れた施工方法が実用化されてくれば、他の選択肢もあり得る。腐食に留意すべき開放回路では、防錆剤を用いる方法もあるが、材質で対応するならライニング鋼管やステンレス鋼管が適しており、機器の伝熱管やポンプ・弁類も銅・銅合金製やステンレス製・ライニング製が選択される。

表1.2　空調設備で用いられる主要な弁類

形式	特徴	空調設備での用途・目的
仕切弁：GV （ゲート弁，スルース弁）	圧力損失が小さい。 開閉操作に時間がかかる。	管路の開閉 流量調整には向かない
玉形弁：SV （グローブ弁，ストップ弁）	封止性能、流量制御性能に優れる。 圧力損失が大きく、操作トルクが大きい。	流量調整 蒸気用
バタフライ弁：BV	小形・軽量で、圧力損失が小さい。 開閉操作が速く、操作しやすい。 シールの材質により使用温度の制限を受ける。	管路の開閉 流量調整も可
ボール弁	開閉操作が速く、操作しやすい。 圧力損失が小さく、封止性能に優れる。 小形で、小口径の弁に多用されている。	管路の開閉 流量調整も可
逆止弁：CV（チャッキ弁）	形式により取付け方向に制約がある。 ウォーターハンマー防止には、衝撃吸収形逆止弁がある。	逆流の防止
ストレーナー	Y形とU形が標準化されている。 スクリーンの目の細かさはメッシュで表わされ、大きいほど細かく、水用では40〜80メッシュが用いられている。	配管回路中の異物を除去する

1.1.1　炭素鋼・鋳鉄

(1) 炭素鋼鋼管

　建築設備で用いられる炭素鋼鋼管は、配管用炭素鋼鋼管（SGP）や水配管用亜鉛めっき鋼管（SGPW）・圧力配管用炭素鋼鋼管（STPG）であり、主として使用圧力によって使い分けられている。亜鉛めっきを施した白管と施していない黒管があり、

施工中や耐圧試験時の防食を考慮して、白管が採用されている。SGPWは、原管はSGPであるが、SGP（白）に比べ亜鉛の付着量が多い。製造法で大別すると、継目無鋼管と溶接鋼管に大別される。継目無鋼管は加熱した丸棒をくりぬいて製造されるので材料内に組織的な不連続性がない。溶接鋼管は鋼帯を巻いて成形し溶接して製造され、鍛接法による鍛接管（continuous butt welded pipe：CW）と電気抵抗溶接法による電縫管（electric resistance welded pipe：ERW）がある。鍛接管は全体を1,200℃以上に加熱し熱間加工し溶接されるのに対し、電縫管は冷間加工し溶接される。電縫管は溶接部が局所的に急加熱・急冷却され組織的に不均一になるので、そのままでは使用環境によっては溝状腐食をおこす。したがって、100A以下は鍛接管が、125A以上は耐溝状腐食電縫管（記号MN）が用いられる。溝状腐食は、MnS（硫化マンガン）系非金属介在物が溶接時に溶融してFeS（硫化鉄）を析出し、そこが起点となって起きる。MN材は低S材を用い、硫化物形成元素の添加や熱処理が行われている。

(2) ライニング鋼管

炭素鋼鋼管にライニングを施した管で、硬質塩化ビニルライニング鋼管（VLP）やポリエチレン粉体ライニング鋼管（PFP）などであり、給水管や給湯管に使われている。内面被覆の厚みは、VLPの方が厚い。ライニング鋼管は、実用上腐食の問題は無いはずであるが、唯一、ねじ接合の管端部の腐食が問題となる。管端部が適切に処置されていないと、僅かな露出部で腐食が集中して進行することになる。以前は切断面にシール剤を塗布し管端コアを挿入する方法がとられたが、施工が徹底されなかったこともあり、現在では継手内部に管端防食コアを内蔵した継手が用いられている。温水用には耐熱性の管種を用いる。

(3) 鋳鉄

配管材としては汚水管や雑排水管に排水用鋳鉄管が使われてきた。また鋳物として加工できることから、ポンプのケーシングや弁のボディ等にも鋳鉄が用いられる。一般的に、10K以下はねずみ鋳鉄、10K以上ではダクタイル鋳鉄製となる。鋳鉄の自然電位は炭素鋼と同等で、腐食性は炭素鋼と変わるところはないと考えられる。配管にステンレス鋼管や塩ビライニング鋼管などの耐食材料を用いている系で、鋳鉄製のポンプや弁を用いるとそこに腐食が集中するので使用は避けるべきである。鋳鉄より強度の高い鋳鋼製の弁が指定されることもある。

1.1.2　ステンレス鋼

⑴　ステンレス鋼管の種類

　一般配管用ステンレス鋼管 (SUS-TPD)、配管用ステンレス鋼管 (SUS-TP) が使われている[1]。ステンレス協会では各種継手を含めたシステムとしての考え方も含め、推奨適用範囲を SUS-TPD で 2.0 MPa としている。流速は 3.5 m/s を上限[2] としているが、耐キャビテーション性が高いので腐食性のみを考えるなら流速 10 m/s 程度までは問題なく使用できる。

⑵　ステンレス鋼の分類

　ステンレス鋼は、金属組織によりマルテンサイト系・フェライト系・オーステナイト系・二相系・析出硬化系の 5 つの系統[3] に分類される。空調設備では、主にオーステナイト系とフェライト系・二相系の鋼種が使われている。

　①　オーステナイト系 (Cr-Ni系)：300 番台

　　　鉄にクロムとニッケルを加えた鋼種で優れた耐食性をもつが、最大の欠点は応力腐食割れを起しやすい点である。応力腐食割れの因子は温度と塩素イオン濃度であるが、発生条件としては温度的には 60 ℃以上、塩素イオン濃度 100ppm ぐらいが目安であろう。そのような用途には、低炭素の鋼種 (L グレード)[4] かフェライト系の鋼種を用いる。

　②　フェライト系 (12 〜 30Cr 低炭素系)：400 番台

　　　鉄にクロムを 12 - 13% 以上加えた鋼種。応力腐食割れには強いが鋭敏化しやすく、耐孔食性・耐隙間腐食性も低い。炭素と窒素の合計を約 0.01 〜 0.015% 以下にすると、鋭敏化は生じにくくなり、耐孔食性・耐隙間腐食性も向上する。溶接作業性に劣る。

---

1) SUS-TPD の管厚みは SGP の 1/2 以下で、内径もその分大きくなる。外径は 25Su までは鋼管と同じで、30 〜 75Su までは SGP の 1 サイズ小さい管と同じである。SUS-TP の寸法規格は STPG と同じになっているが、材料強度的に鋼管を上回り、腐食代も見込む必要はないので、許容圧力の計算値は STPG より遙かに大きい。
2) 流速 2.0 m/sec 以上で使用する場合は、騒音・振動・水撃作用・搬送動力を考慮する。
3) マルテンサイト系・フェライト系をクロム系、オーステナイト系・二相系・析出硬化系をクロム－ニッケル系と呼ぶこともある。ニッケルは不動態皮膜を形成しやすくする働きがある。磁性は結晶構造により異なり、オーステナイト系は非磁性であるが、他の鋼種は強磁性で磁石につく。
4) 炭素を 0.03% 以下にすることで耐粒界腐食性をもたせることができる。

③　二相系（オーステナイト・フェライト系）

　　クロムを22 − 25％にして、オーステナイトとフェライト二相の組織を持つ鋼種。高い強度と塩化物に対する優れた耐食性を有する。

(3)　空調設備で使用される代表的な鋼種

　ステンレス鋼には200以上の鋼種があるが、空調設備では以下の鋼種が使われている。

①　SUS304（18Cr-8Ni）

　　最も代表的な鋼種、オーステナイト系で18-8ステンレスと呼称される鋼種である。粒界腐食・孔食・隙間腐食・応力腐食割れに感受性大であるが、通常の使用環境では耐食性は十分で、耐食鋼・耐熱鋼として最も広く利用されている。空調設備では、冷水用のプレート式熱交換器などに用いられている。貯湯槽に用いるときは、電気防食を併用する。バタフライ弁の弁体などに使われているSCS13AはSUS304相当のステンレス鋳鋼である。

②　SUS316（18Cr-12Ni-2.5Mo）

　　オーステナイト系。Moを添加し、304より耐孔食性・耐隙間腐食性が向上している。316L（18Cr-12Ni-2.5Mo-低C）は極低炭素鋼で、耐粒界腐食性を持たせた鋼種であり、空調設備では温水用のプレート式熱交換器などに用いられている。

③　SUS444（19Cr-2Mo Ti、Nb、Zr-極低（C,N））

　　フェライト系。汎用の430の加工性を改善し、耐食性を高めた鋼種。耐応力腐食割れ用で、建築設備では貯湯槽・貯水槽・ホットウェルタンクなどに用いられている。

④　SUS329J4L（25Cr-6Ni-3Mo-N、低C）

　　二相系。高濃度塩化物環境において耐孔食性・耐応力腐食割れ性に優れる。海水熱交換器・製塩プラント・貯水槽等に、建築設備では受水槽の気相部に用いられている。

(4)　ステンレス鋼管の施工面の注意点

　ステンレス鋼管の接合にはねじ接合は適さず、溶接接合・フランジ接合で接合するのが一般的である。ステンレス鋼管を溶接するとき、表面に酸化スケールが残存すると、不動態皮膜が形成されずステンレス鋼本来の耐食性を発揮できない。した

がって、溶接は酸化皮膜を生じないよう、TIG（tungsten inert gas）溶接やMIG（metal inert gas）溶接によって行う。TIG溶接は、溶接速度は遅いが小電流でも安定したアークを発生するので、比較的薄肉の配管の溶接に用いられる。いずれも、溶接トーチから不活性ガスを吹きつけることで、空気を遮断して溶接が行える。配管内もアルゴンガスや窒素でバックシールを施す。バックシールが不足すると溶接部で酸化スケールが生成し局部腐食の原因となる。酸素濃度は0.005%（50ppm）以下で管理すべき[5]とされる。厚さ3mm以上の場合は、十分な裏波を得るためにV開先とする。現場での溶接はこのような施工管理が十分にできないので、原則として現場溶接は行ってはいけない。ステンレス配管で散見される腐食事例は、ほとんどが溶接不良である。現場での溶接作業を避けるには、ラップジョイントやつば出し加工によるフランジ接合が用いられ、小口径ではさまざまなメカニカル継手が用いられている。

1.1.3 銅及び銅合金

(1) 銅管

JISに規定されている銅管には、タフピッチ銅・リン脱酸銅・無酸素銅の3種類があるが、設備配管用にはリン脱酸銅管が用いられる。これは、溶解鋳造時の酸素の除去にリンを使用する[6]もので、導電性は悪くなるが水素脆性[7]がなく銅管として使用される。無酸素銅は最も純度が高く、熱交換器の伝熱管に使用していることがある。管厚さは大きい順にK、L、Mがあるが、使用圧力1MPaまではMが用いられる。冷間加工と熱処理で機械的性質を調整することが可能[8]で、軟質管は光輝焼鈍や真空焼鈍を行い、硬度を調整している。質別は多種あるが、軟質管はO・OL材が、硬質管は1/2H材（半硬質管）、H材が一般的である。

---

5) ステンレス協会：建築用ステンレス配管マニュアル 改訂版。
6) JIS-H3300（銅及び銅合金継目無管）では0.015〜0.040%。残留するりんがありの巣状腐食を促進するという意見もあるが、異論も多い。なお、ありの巣状腐食は大気中で起きるとされていたが、水中でも起きうることは確認されている。
7) 腐食反応で生じた水素が材料中に拡散して割れを起す現象を水素脆性という。
8) 調質という。銅・銅合金は冷間加工を加えると引張強さ・耐力・硬さなどは向上し、伸び・曲げ性能は低下する。逆に、熱処理を施すと引張強さ・耐力・硬さは低下し、伸び・曲げ性能などは回復する。

⑵　**銅合金**

　銅合金としては黄銅・青銅が、鋳造品として弁の弁箱や弁棒などに使われている。黄銅は銅－亜鉛合金で、とくに亜鉛が20%までのものを丹銅、それ以上のものを黄銅という。加工性がよく経済性に優れた材料であるが、欠点として応力腐食割れと脱亜鉛腐食を起すことがあり、使用は控えられる傾向にある。使用する場合は使用条件等に十分注意するとともに、脱亜鉛腐食対策黄銅材[9]を用いる。青銅は銅－スズ合金で、スズ8～12%ものが大砲に使用されたので砲金と呼ばれることもある。弁などに一般的に使われるのは、JISに規定される青銅鋳物6種CAC406（5%Sn-5%Zn-5%Pb）である。給水用に鉛フリーの製品も販売されている。

1.1.4　樹脂管

　材質としては、硬質塩化ビニル（VU管、VP管）や架橋ポリエチレン（PE管）、ポリブデン（PB管）などである。長尺管を採用することで、施工面での優位性が発揮できる。管自体は金属管のように腐食の心配はないが、PE管・PB管は酸素透過に留意が必要である。配管系に占める樹脂管の使用量が多いと、溶存酸素濃度を低く維持できず、鉄部で腐食が継続する。酸素遮断層付の製品が販売されているので、配管系に占めるPE管やPB管の比率が多い場合には採用が推奨される。地中熱採熱管に用いられる高密度ポリエチレン管も同程度の酸素透過がある。また、コンクリートは酸素の透過障壁とならないので、コンクリート埋設していても、同様に考えなければならない。なお、金属強化ポリエチレン管は酸素透過の心配はない。

---

9)　青銅弁の弁棒には脱亜鉛腐食対策黄銅が使われている。JIS-B2011（青銅弁）の付属書Aで、黄銅棒の脱亜鉛腐食感受性評価の試験方法が規定されている。日本伸銅協会では、黄銅材の脱亜鉛腐食試験方法（JBMA-T303）を定めている。

1.2　配管材料の耐食性

1.2.1　亜鉛めっき

(1)　亜鉛めっきの機能

　空調用配管では亜鉛めっき鋼管[10] が多く使われている。それは、空調用配管として、亜鉛めっき鋼管が適しているからである。防食上、亜鉛めっきの機能は大きく2つある。

　① 犠牲陽極作用

　　鉄部に対し犠牲陽極として働き、鉄部の腐食開始を遅らせる。ただし、給水管のように遊離炭酸[11] が多く腐食環境が継続する系では、亜鉛めっき層は比較的速く消滅する。したがって、そのような系では犠牲陽極作用による長期的な防食効果を期待すべきではない。

　② 防食皮膜の形成

　　表面に水酸化亜鉛（$Zn(OH)_2$）を主体とする皮膜を形成し、腐食速度を抑制する。また密閉配管系では、水酸化亜鉛が遊離炭酸を消費してpHが上昇[12] し、飽和指数(saturation index)[13] も上昇するにつれ腐食性が緩和される。同時に、溶存酸素も消費されるので、ポンプや弁などの鉄部も腐食しない。

　密閉配管系のような補給水がほとんど無い循環系では腐食性の強い上水を用いても、運用初期は亜鉛めっきにより保護され、その間に循環水の腐食性が緩和されるので、非常に適した配管材と言える。腐食速度は、溶存酸素濃度に比例するとみてよく、腐食抑制のための溶存酸素濃度は空調用循環水では通常1.0ppmを採用[14]

---

10) 正確には溶融亜鉛めっき。溶融亜鉛めっきは鉄との間に合金層を形成するので、電気亜鉛めっきより耐食性に優れるとされる。

11) 水中に溶解している二酸化炭素のこと。遊離炭酸を含む低pHの水は、鉄や銅の腐食を促進することが知られている。

12) 炭酸カルシウムの析出傾向を表す指数であるが、鉄に対する腐食性の指標としても用いられる。カルシウム硬度・Mアルカリ度・電気伝導率などが関係するが、pHの影響を強く受け、pHが高いほど炭酸カルシウムの析出傾向は強くなり、腐食性が緩和される。ランゲリア指数（langelier index）とも呼ばれる。

13) pHは運用後短時間で9.0程度まで上昇し、飽和指数はほぼ0になる。このpH域では遊離炭酸は0である。
　　$Zn + 1/2O_2 + H_2O \rightarrow Zn(OH)_2$
　　$Zn(OH)_2 + CO_2 \rightarrow Zn^{2+} + 2HCO^{3-}$

14) 上水や給湯のように腐食性の環境で、脱酸素により防食しようとするときは、0.5 ppmを目安とすべきであろう。

している。良好に維持されている系では積極的に脱酸素を行わなくても、1.0ppm以下となっている。ステンレス鋼管やライニング鋼管を使用する場合は、このような水質の転化がおこらないことに注意しなければならない。他に、外面の耐食性も利点として挙げられる。

(2)　亜鉛めっき鋼管の使用温度

防食上、亜鉛めっき鋼管の使用温度については以下の2点に留意が必要である。

① 　亜鉛の腐食速度

亜鉛の腐食速度は60 〜 80 ℃近辺で極端に速くなるというデータがある。これは、この温度範囲で亜鉛表面に生じる皮膜が粒状で非付着性であるためと説明されている。

② 　鉄と亜鉛の電位逆転

水質によっては、鉄の電位に対し亜鉛の電位が高くなることがあり、電位逆転を起すと孔食状の腐食となるため、早期に漏水に至ることがある。蓄熱槽を用いた開放回路で発生事例が多い。電位逆転の発生メカニズムは明確ではないが、亜鉛が部分的に不動態化するためと言われている。温度が高いほど電位逆転を起しやすいが、装置寿命のスパンで考えると温度が低くても電位逆転の発生は否定できない。溶存酸素の減少しない開放系では留意すべきである。特に、温水蓄熱槽の場合には、管材に耐食材料を用いるか、積極的に脱酸素を行うか、あるいは黒ガス管とし防錆剤を用いるようにすべきである。

(3)　亜鉛めっきの規格

亜鉛めっきについては、JISに規格があり、配管用炭素鋼鋼管、圧力配管用炭素鋼鋼管では

- 硫酸銅試験[15]で、5回で終点に達しない

水配管用亜鉛めっき鋼管では

- 付着量試験で平均値600 g/m^{2}以上、最低でも550 g/m^{2}以上
- 硫酸銅試験で、6回で終点に達しない

となっている。

---

15) 硫酸銅試験の浸せき1回あたりで8 μm程度の厚さが減少する（JIS-H0401（溶融亜鉛めっき試験方法））。

(4) 亜鉛の排出規制

　亜鉛の排出規制は2 mg/L[16]であるが、亜鉛めっき鋼管を使用した配管系ではフラッシング時に10 mg/Lを超え40〜50 mg/Lに達することもあり、排出方法によっては亜鉛の除去が必要になる。フラッシング時の亜鉛は粒状が主であるので、フィルタにより大部分が除去可能で、仮設的に濾過装置を設置して除去している事例がある。また、凝集沈殿を応用した処理法も実用化されており、大規模な施設で採用されている。

1.2.2　ステンレス鋼の耐食性

　ステンレス鋼[17]は表面のきわめて薄い不動態皮膜（クロム水和酸化物）によって耐食性を発揮している。この不動態皮膜は、緻密・均一で密着性が良く、素地のステンレス鋼が変形しても剥離せず、欠陥が生じてもすぐ回復する。一方、不動態皮膜を破壊する代表的な環境因子は、塩素イオンである。

　ステンレス協会では溶接継手についての腐食発生限界水質と、メカニカル継手についての水質基準を示している。塩素イオンは不動態皮膜を破壊する要因として作用し、Mアルカリ度は炭酸水素イオンとして特に溶接部などの表面に付着しすきま腐食の要因になると考えられている。一般的な遊離残留塩素濃度[18]・塩素イオン濃度・Mアルカリ度の範囲では、SUS304で耐食性に問題はない。

1.2.3　銅管の耐食性

　銅はステンレス鋼のように、初期から耐食性を有しているわけではなく、水中で徐々に亜酸化銅（Cu_2O、酸化第一銅）を主体とする酸化皮膜を形成し、塩基性炭酸銅・塩基性塩化銅などが沈殿皮膜となって耐食性を獲得する。浸漬初期には溶存酸素の拡散速度に応じた腐食速度を示し、酸化皮膜の成長とともに腐食速度は低下する。

---

16) 下水道法施行令　第9条の6。

17) 厳密な定義はないが、一般的に鉄にクロムを11%以上含む合金（JIS-G0203：鉄鋼用語）。クロムの含有量が10.5%を超えると急激に耐食性が向上する。

18) 次亜塩素酸（HOCl）と次亜塩素酸イオン（OCl^-）をあわせて遊離残留塩素という。また、アンモニアと結びついたクロラミン（NH_2Cl、$NHCl_2$）も殺菌力があり結合残留塩素とよぶ。建築物における衛生的環境の確保に関する法律では、"給水栓で遊離残留塩素濃度0.1 mg/L（結合残留塩素の場合は0.4 mg/L）以上に保持すること"とされている。

良好な皮膜が形成されるか否かは初期の水質に係っている[19]。銅管の皮膜は環境によっては破壊されやすく、孔食やエロージョン・コロージョンを起すことがある。

(1)　孔食

一般に、遊離炭酸が多く pH が低い地下水を使用した環境で起きる I 型孔食と、HCO_3^- / SO_4^{2-} 比（マトソン比）が低い環境で発生しやすい II 型孔食に分類される。

蓄熱槽系で発生する孔食は I 型孔食に分類される。軟質銅管で発生しているのは、製造時に用いられた加工油が調質後に炭素質皮膜（カーボン皮膜）として残存していることが原因と考えられている。残留カーボン量を低減した耐孔食銅管も製品化されている。また、微生物の関与も疑われており、流速 0.3 m/s 以下ではスライムが付着し、孔食の原因となると言われている。対策としては、薬注の他に、濾過器の設置が考えられる。II 型孔食は給湯管での発生が見られたが、浄水場で用いる凝集剤が硫酸バンドからポリ塩化アルミニウムに変更された結果、II 型孔食の発生は減少していると見られる。

(2)　エロージョン・コロージョン

銅管表面の保護皮膜が物理的作用を受けて継続的に損傷を受けると、その部分でエロージョン・コロージョンを起す。腐食面に腐食生成物はみられず、馬蹄形の腐食形態を示し、水の下流側に向って深く浸食される。強制循環式給湯配管の返湯管のエルボ・チーズ下流部等で発生しやすい。

エロージョン・コロージョン発生の限界流速については、pH と温度により大きく異なることがわかっている。空調用配管系は pH が 9 程度まで上昇することから、鋼管と同様な設計基準で問題は無い。最も危険性の高い系統は pH が低く温度も高い給湯系であり、限界流速は 1.5 m/s 以下とされているが、強制循環式給湯配管では 1.5 m/s 以下でも発生することがあり、それについては気水分離が十分でないと過飽和の溶存酸素が気泡化し皮膜剥離作用を促進するためといわれている。耐キャビテーション性が改善されたすず被覆銅管を採用していることもある。

---

19) 凝縮器の伝熱管には注意が必要で、新設の冷却水設備の運転開始時は、防錆剤の濃度を通常時の数〜10 倍程度にし、皮膜形成を促進する基礎処理が行われる。

1.2.4　銅合金の腐食特性

(1)　青銅系

淡水中では優れた耐食性を示し、脱成分腐食・孔食・キャビテーション腐食・応力腐食割れ等で実用上問題になることはない。

(2)　黄銅系

応力腐食割れと脱亜鉛腐食を起すことがある。水質との関連は複雑であるが、塩化物イオン濃度の高い水や、遊離炭酸の多い弱酸性環境で起りやすいと言われている。スズ・リン・ニッケル等を添加すると割れ感受性が改善するが、Cu-Zn系合金である限り割れ感受性を消失させることは困難である。

(3)　キュプロニッケル (白銅)

ニッケルを10〜30%含む銅合金(Cu-10〜30%Ni-0.5〜2%Fe-1%Mn)。耐エロージョン・コロージョン性に優れ、海水に対しても耐食性が優れているので、海水用の熱交換器に用いられる。

1.3　配管の選定

1.3.1　管厚み

　使用圧力[20] から管厚みを選定するには、図1.1に示すように配管の内圧と応力が釣合うとしたバーローの式が用いられている。

$$PD = 2st \qquad \cdots (1.1)$$

　ここに　P：最高使用圧力［MPa］

　　　　　D：径［mm］

　　　　　s：材料の許容引張応力［N/mm^2 = MPa］

　　　　　t：管厚み［mm］

径Dについては、内径〜外径の間の値[21] をとる。JISではD＝外径とし、腐食代・ねじ切り代、管厚みの製造許容差を加味している。

$$t = \frac{PD_0}{2s} \times \frac{1}{1-\beta} + C \qquad \cdots (1.2)$$

　ここに　D_0：管外径［mm］

　　　　　β：管厚み許容差［-］　=0.125

　　　　　C：腐食代・ねじ切り代［mm］

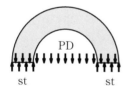

図1.1　配管の内圧と応力

表1.3　代表的な管材の許容引張応力

管種	製造方法	s
SGP	電気抵抗溶接管（E）	62
	鍛接管（B）	47
STPG370	継目無管（S）	92
	電気抵抗溶接管（E）	78
STPG410	継目無管（S）	103
	電気抵抗溶接管（E）	88
SUS304TP	継目無管（S）	114
	自動アーク溶接管（W）	97
SUS316TP	継目無管（S）	120
	自動アーク溶接管（W）	102

20) 配管系としては接合法により継手効率を見込む。JIS B 8265「圧力容器の構造－一般事項」では完全溶込み突合せ両面溶接継手または同等とみなせる片側突合せ溶接継手（B-1継手）で、放射線透過試験を100%行うとき1.0、20%以上行うとき0.95、行わないとき0.7となっている。ねじ接合では一般的に0.6としているが、転造ねじは1.0としてよい。

21) たとえば冷凍保安規則(冷凍保安規則関係例示基準(23.6))では、$D=D_0$-0.8tとしている。すなわち、40%減肉した状態を想定していることになる。

許容引っ張り応力は、ここでは規定引張強さの1/4とし溶接効率[22]を加味した値を用いる。代表的な管材の許容引張応力を表1.3に示す。腐食代・ねじ切り代[23]は、2.54 mmを見込む。長寿命化を目指した設備では、より多くの腐食代を確保するため、使用圧力が1.0 MPa以下であってもSGPに代えてSTPGを選定していることもある。たとえば、125A以上で使用圧力を1 MPaとして比較してみると、腐食代・ねじ切り代は1.4倍程度になる。

　ここで

$$Sch = \frac{P}{s} \times 1000 \qquad \cdots (1.3)$$

が、スケジュール番号である。SGPはスケジュール番号が決められていないが[24]、STPGはスケジュール番号で整理されており、Sch10から80までの規定があるがサイズのそろっているSch40とSch80が用いられている。ただし、JISの規格は過去のウェイト法[25]の規格を踏襲しており、上式から計算される厚みと一致しない。

1.3.2　配管径の選定

(1)　配管の選定基準

　配管径は、単位長さ当たりの圧力損失と流速を勘案して選定される。ライフサイクルコスト的な観点から、通常の空調設備では管材にかかわらず、単位圧力損失は300～500 Pa/m程度、流速は2.0 m/secを上限として設計される。SGPで10℃、300 Pa/mで選定すると、125Aまでは単位圧力損失で150A以上は流速で選定されることになり、500 Pa/mでは80Aまでが単位圧力損で100A以上は流速で選定されることになる。さらに大口径の配管では、流速は3.0 m/s程度まで緩和していることもある。

　許容流速として侵食防止のための流速が示されているが、SGPであっても現実

---

22) 鋼管では、電縫管で0.85、鍛接管は0.65。たとえばSTPG370-Eでは、370/4×0.85=78 N/mm²。継目無し管では見込まなくてよい。

23) 通常ステンレス鋼管では見込まない。冷凍保安規則（冷凍保安規則関係例示基準（23.6））では、ステンレス鋼管・銅合金管の場合、腐れ代は0.2 mm見込むことになっている。

24) 計算してみると、100A以下の鍛接管でスケジュール番号は35、耐圧は1.6 MPa、125A以上の電縫管でスケジュール番号は25、耐圧は1.6 MPa前後である。

25) 単位長さ当りの重量を目安に定められた肉厚シリーズ。Sch40はウェイト系のスタンダード（standard weight,Std）に等しく、Sch80はエキストラストロング（extra strong,XS）に等しい。

的には圧力保持弁の下流などを除き、キャビテーション・エロージョンは発生していない。腐食の抑制された条件下で使用されることを考え合せれば4.0 m/s程度までは許容[26)]される。

(2) 配管の圧力損失

直管の単位長さ当たりの摩擦損失を求めるにはいくつかの計算式があるが、空調設備ではダルシー・ワイスバッハの式を用いている。

$$p_{l=1} = \lambda \times \frac{1}{D} \times \frac{u^2 \rho}{2} \qquad \cdots (1.4)$$

ここに　$p_{l=1}$：摩擦損失 [Pa/m]

　　　　λ　：摩擦損失係数 [－]

　　　　D　：管内径 [m]

　　　　u　：流速 [m/s]

　　　　ρ　：密度 [kg/m^3] [27)]

摩擦損失から流速・流量を算定するには，式を変形し

$$u = \sqrt{\frac{2}{\lambda} \times D \times p_{l=1} \times \frac{1}{\rho}} \qquad \cdots (1.5)$$

摩擦損失係数は，ムーディ線図またはその近似式で求める。

$$\lambda = 0.0055 \left\{ 1 + \left(20000 \frac{\varepsilon}{D} + \frac{10^6}{Re} \right)^{1/3} \right\} \qquad \cdots (1.6)$$

ここに　　ε：管内面等価粗さ [m] [28)]

　　　　　Re：レイノルズ数

レイノルズ数は乱流の式を用い

$$Re = \frac{\rho u D}{\mu} \qquad \cdots (1.7)$$

ここに　μ：粘度 [Pa・s] [29)]

---

26) 酒井康行「空調設備の腐食と防食」。一般的に参照される配管の侵食防止のための最大流速は，キャリア社のSystem Design Manualからの引用であるが、これには対象として銅管も含んでいると見るべきであるとしている。

27) 水では10℃で999.7 kg/m³、50℃で998.0 kg/m³

28) 一般的な数値として、炭素鋼鋼管で0.15 mm、ステンレス鋼管で0.005 mm、ライニング鋼管で0.0015 mm

SGPで水温が10℃の場合と50℃の場合で比べると、圧力損失は3〜6%程度小さく、流量では2〜3%程度多くなる。炭素鋼鋼管とステンレス鋼管では、ステンレス鋼管の方が内径が大きく、等価粗さも小さいことから、許容流量は大きくなる。SGP、STPG、SUS-TPDについて流速は制限せず10℃、300 Pa/mとして許容流量を求めたものを図1.2に示す。SGPとSTPGの差はわずかである。SGPとSUS-TPDでは80Aまでは差は少ないが、口径が大きくなるほどSUS-TPDの許容流量はSGPと比較し多くなる。ブラインは濃度により変わるが、35%エチレングリコールでは密度が1,056 kg/m³、粘度が7.3 mPa·sであるので、摩擦損失係数は20〜40%程度大きくなる。

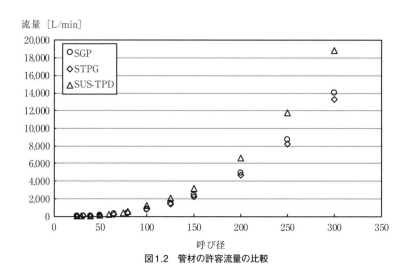

図1.2　管材の許容流量の比較

29）水では10℃で1.307 mPa·s、50℃で0.548 mPa·s

1.4　配管回路の抵抗

(1)　配管系の抵抗

　配管系の抵抗には、配管の抵抗として直管の圧力損失・局部抵抗の圧力損失、その他自動弁の差圧や機器類の圧力損失がある。局部抵抗 p_d は、動圧に比例する。

$$p_d = \zeta \frac{\rho u^2}{2} \qquad \cdots (1.8)$$

　ここに　ζ：抵抗係数 $[-]$

　配管の抵抗は、各区間毎に直管の圧力損失と局部抵抗の圧力損失を計算し、全配管系にそって合算して求まる。配管の抵抗 p_f は

$$p_f = \sum \left(p_{l=1} l + \sum (p_d) \right) \qquad \cdots (1.9)$$

　ここに　l：各区間の配管長 $[m]$

これに機器類の圧力損失を加算した圧力損失がポンプに求められる揚程になるが、機器の抵抗も流量の二乗に比例するので、配管系の抵抗は流量の二乗に比例すると考えて良い。実揚程がある場合は実揚程も加算する。配管系の全区間に渡って流量変化の割合が等しく、実揚程も一定と見なすことができれば、配管系の抵抗式は実揚程も含み $y = ax^2 + c$ の形で表すことができる。

(2)　配管系の抵抗の合成

　配管系の抵抗の直列合成は図1.3(a)において、R_1 の抵抗式を $P_1 = a_1 Q_1^2$、R_2 の抵抗式を $P_2 = a_2 Q_2^2$ と表せば、$Q_1 = Q_2$ であるので合成した抵抗 $\sum P$ は単純な加算で、

$$\sum P = (a_1 + a_2) Q^2$$

と表される。実揚程がある場合も同様に合成できる。並列合成は図1.3(b)のように流量方向に加算することになり、合成した流量 $\sum Q$ は

$$\sum Q = \left(\frac{1}{\sqrt{a_1}} + \frac{1}{\sqrt{a_2}} \right) \sqrt{P} = \frac{1}{\sqrt{a}} \sqrt{P}$$

と表される。合計流量と抵抗が分かっていれば、流量の分配は合成した係数を a として

$$Q_1 = \frac{\sqrt{a}}{\sqrt{a_1}} \sum Q, \ Q_2 = \frac{\sqrt{a}}{\sqrt{a_2}} \sum Q$$

として求まる。また、分流しているそれぞれの流量が分かっていれば、仮想的に分解しそれぞれの抵抗式にすることが可能で、

$$a_1 = \left(\frac{\sum Q}{Q_1}\right)^2 a, \; a_2 = \left(\frac{\sum Q}{Q_2}\right)^2 a$$

として分解できる。

(a) 直列合成

(b) 並列合成

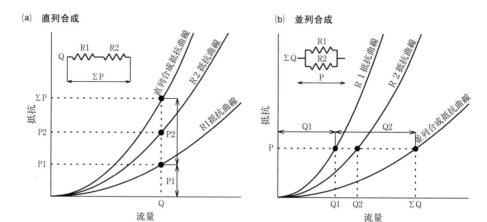

図1.3 配管系の抵抗の合成

1.5　配管の伸縮

1.5.1　配管の伸縮量とその反力

　配管の伸縮による応力は非常に大きいので、温度変化による伸縮に配慮しなければならない。配管の可撓性を生かしたアレンジメントにより吸収するのが最も確実であるが、設置スペースの問題や、直管長が長かったり温度変化が大きかったりすると伸縮量が大きくなるので、伸縮を配管のアレンジメントで吸収することは困難になり伸縮継手の設置が合理的になる。温度変化による配管の伸縮は次式で求められる、

$$\Delta L = C \times L \times \Delta T \qquad \cdots (1.10)$$

　ここに　ΔL：温度変化による管の伸縮量[m]

　　　　　C　：線膨張係数[m/m℃] [30]

　　　　　L　：元の管長[m]

　　　　　ΔT：温度差[℃]　初期温度−変化後の温度

応力とひずみの関係は

$$\sigma = E \times \varepsilon \qquad \cdots (1.11)$$

　ここに　σ：応力[MPa]

　　　　　E：弾性係数[MPa] [31]

　　　　　ε：ひずみ[−]

$\varepsilon = \Delta L/L = C \times \Delta T$　であるから、両端が固定されているときの応力は

$$\sigma = E \times C \times \Delta T \qquad \cdots (1.12)$$

固定点の反力は

$$F = \sigma \times A \qquad \cdots (1.13)$$

　ここに　F：反力[N]

　　　　　A：管断面積[m^2]

---

30) 鋼管 1.2×10^{-5} m/m℃、ステンレス鋼管 1.6×10^{-5} m/m℃、銅管 1.6×10^{-5} m/m℃、塩化ビニル管 $6 \sim 8 \times 10^{-5}$ m/m℃
31) 鋼管 200 GPa、ステンレス鋼管 200 GPa、銅管 120 GPa、塩化ビニル管 2.7 GPa

1.5.2 伸縮継手

(1) 伸縮継手の選定

伸縮継手にはベローズ形とスリーブ形があるが、耐圧が10K以下であればベローズ形が選択される。ベローズ形には、単式と複式があるが、必要伸縮量により選定される。取付け温度から最高使用温度の配管の伸びが伸縮継手に必要な縮みであり、取付け温度から最低使用温度の配管の縮みが伸縮継手に必要な伸びである。ベローズ形伸縮継手の自由長さ(内圧・圧縮荷重・引張荷重が負荷されていない状態の長さ)からの伸びと縮みは決まっているが、取付け温度に合わせた面間長さにプリセットされるので、伸縮量合計を満足するように選定すれば良い。

$$n = \frac{\Delta L}{\delta} \qquad \cdots (1.14)$$

ここに　n：台数 [台]

δ：ベローズ管継手の最大軸方向変位量 [mm]

単式で35 mm、複式で70 mm

面間長さは下式で計算される。

$$L_s = L_e - \delta\frac{t_2 - t_1}{T - t_1} \qquad \cdots (1.15)$$

ここに　L_s：ベローズ管継手の取付け面間長さ [mm]

L_e：ベローズ管継手の最大面間長さ [mm]

T：管の最高使用温度(最高設計温度) [℃]

t_2：ベローズ管継手の取付時の気温 [℃]

t_1：管の最低使用温度(最低設計温度) [℃]

(2) 伸縮継手の設置

伸縮継手の設置に際しては、適切な位置に固定点を設けなければならない。伸縮継手を設置した配管には下記の応力が働く。

F_s：内圧力による荷重 [N]　　$F_s = A_e \times P$

F_sの内、$A_p P$は配管の端部およびレジューサなどの内径の変わる部分に働き、$(A_e - A_p) P$はベローズ管継手に働く。

F_m：ベローズのばね反力 [N]　　$F_m = K \times \delta$

スリーブ形ではばね反力に代えてスリーブの摩擦抵抗を見込む。

F_G：配管ガイドの摩擦力［N］　通常無視する

F_t：管内流速による遠心力［N］　$F_t = 2A_p \rho u^2 \sin(\alpha/2)$

F_p：配管自重による荷重［N］　$F_p = M_p \times g$

ここに　A_e：ベローズの有効断面積［m^2］　カタログ値による

　　　　A_p：管の内断面積［m^2］

　　　　P　：管内圧力［MPa］

　　　　K　：ベローズのばね常数［N/mm］　カタログ値による

　　　　δ　：伸縮量［mm］

　　　　ρ　：流体の密度［kg/m^3］

　　　　u　：流速［m/sec］

　　　　α　：曲管中心線と直管中心線との交差角［°　］

　　　　M_p：配管の重量［kg］

　　　　g　：重力加速度［m/sec^2］　=9.8 m/sec^2

管内圧力は最大管内圧力であり、耐圧試験圧力を考慮するときはその圧力を用いる。通常の空調設備配管では、大きい順に管内圧力による荷重F_s、管の自重による荷重F_p、ベローズの反力F_mとなることが多く、配管ガイドの摩擦力F_Gは無視してよい。図1.4に横引き配管への伸縮継手の設置例を示す。横引き配管では水平方向の応力を算定するので、F_sとF_mを計算すればよい。図中の表には支持箇所に作用する荷重をまとめている。管内圧力は流れ方向に低下するが、最大値を用い一定と考える。中間固定点・伸縮継手固定脚では、片側からの荷重にそれぞれ耐えられるように計画する。図1.5は竪配管の場合であるが、竪配管では鉛直方向の荷重を算定することになるので、横引き配管と異なる点は

- 配管重量による荷重F_pを算入しなければならない。
- 管内圧力Pが位置高さにより変わる。

F_pは伸縮継手で区切られた区間の荷重が固定点に作用するとして計算する。保有水の荷重は静水頭として管内圧力に含まれている。固定点には上向きの荷重と下向きの荷重が働くが、F_pは下向きに働くので、通常、下向きの荷重に耐えられるように計画すればよい。支持箇所に作用する荷重を図中の表にまとめてある。レジューサにかかる荷重はその位置高さの管内圧力で計算すべきであるが、支持箇所にかかるとしてまとめている。

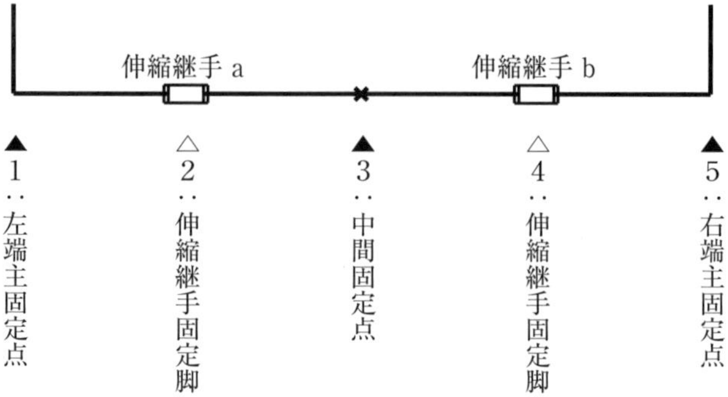

伸縮継手 a　　　　　　　　伸縮継手 b

▲　　△　　▲　　△　　▲
1　　2　　3　　4　　5
‥左端主固定点　　‥伸縮継手固定脚　　‥中間固定点　　‥伸縮継手固定脚　　‥右端主固定点

	Fs	Fm	Ft	Fp
左端主固定点	$-Ae_aP$	$-K_b\delta_{4\text{-}5}$	$-\sqrt{2}Ap_1\rho v^2 \fallingdotseq 0$	−
伸縮継手固定脚	$-(Ae_a-Ap_2)P,$ $(Ae_a-Ap_2)P$	$+K_b\delta_{4\text{-}5},\quad -K_b\delta_{3\text{-}4}$	×	−
中間主固定点	$+(Ae_a-Ap_3),$ $-(Ae_b-Ap_3)$	$+K_b\delta_{3\text{-}4},\quad -K_b\delta_{2\text{-}3}$	×	−
伸縮継手固定脚	$-(Ae_b-Ap_4)P,$ $(Ae_b-Ap_4)P$	$+K_b\delta_{2\text{-}3},\quad -K_b\delta_{1\text{-}2}$	×	−
右端主固定点	$+Ae_bP$	$+K_b\delta_{1\text{-}2}$	$-\sqrt{2}Ap_5\rho v^2 \fallingdotseq 0$	−

- 符号の＋は右向き、−は左向き荷重である。
- Fmの符号は配管が伸びる場合で、縮む場合は逆になる。
- Ftは90°曲がりの場合。
  右向き流れの時は左端固定点では鉛直方向に、右端固定点では右向きに働く。
  左向き流れの時は左端固定点では左向きに、右端固定点では鉛直方向に働く。

図1.4　横引き配管への伸縮継手の設置

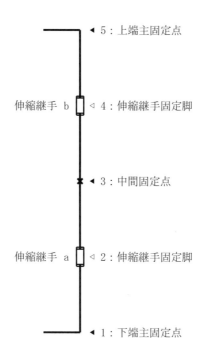

◀ 5：上端主固定点

伸縮継手 b 　◁ 4：伸縮継手固定脚

◀ 3：中間固定点

伸縮継手 a 　◁ 2：伸縮継手固定脚

◀ 1：下端主固定点

	Fs	Fm	Ft	Fp
上端主固定点	$-Ae_bP_5$	$-K_b\delta_{4\text{-}5}$	$-\sqrt{2}Ap_5\rho v^2 \fallingdotseq 0$	$+M_{P4\text{-}5}$
伸縮継手固定脚	$-(Ae_b - Ap_4)P_4,$ $(Ae_b - Ap_4)P_4$	$+K_b\delta_{4\text{-}5},\ -K_b\delta_{3\text{-}4}$	×	−
中間主固定点	$(Ae_b - Ap_3)P_3,$ $-(Ae_a - Ap_3)P_3$	$+K_b\delta_{3\text{-}4},\ -K_b\delta_{2\text{-}3}$	×	$+M_{P2\text{-}4}$
伸縮継手固定脚	$-(Ae_a - Ap_2)P_2,$ $(Ae_a - Ap_2)P_2$	$+K_b\delta_{2\text{-}3},\ -K_b\delta_{1\text{-}2}$	×	−
右端主固定点	$+Ae_aP_1$	$+K_b\delta_{1\text{-}2}$	$-\sqrt{2}Ap_1\rho v^2 \fallingdotseq 0$	$+M_{P1\text{-}2}$

- 符号の＋は下向き、－は上向き荷重である。
- Fm の符号は配管が伸びる場合で、縮む場合は逆になる。
- Ft は90°曲がりの場合。
  上向き流れの時は上端固定点では上向きに、下端固定点では水平方向に働く。
  下向き流れの時は上端固定点では水平方向に、下端固定点では下向きに働く。

図1.5　竪配管への伸縮継手の設置

1.6　配管の熱損失

(1)　熱通過率

断熱した配管の熱通過率は下式で求められる。

$$\frac{1}{K_P} = \frac{1}{2\pi}\left\{\frac{1}{r_0\alpha_i} + \frac{1}{\lambda_p}ln\left(\frac{r_1}{r_0}\right) + \frac{1}{\lambda_i}ln\left(\frac{r_2}{r_1}\right) + \frac{1}{r_2\alpha_o}\right\} \quad \cdots (1.16)$$

ここに　K_P：配管1m当たりの熱通過率 [W/m℃]

　　　　α_i：管内面の表面熱伝達率 [W/m^{2}K]

　　　　α_o：断熱材外面の表面熱伝達率 [W/m^{2}K]

　　　　　　　外部環境により 10 〜 20 W/m^{2}K

　　　　λ_p：配管の熱伝導率 [W/mK]

　　　　λ_i：断熱材の熱伝導率 [W/mK] [32]

　　　　r_0：管内半径 [m]

　　　　r_1：管外半径＝断熱材内半径 [m]

　　　　r_2：断熱材外半径 [m]

管内面の熱伝達抵抗と配管の熱抵抗は無視してよい。概算的には、熱通過率を平板として求め、面積は断熱材の平均内径（ $=\pi(r_1+r_2)$ ）で計算しても大きな誤差はない。伝熱量は冷水では

$$q = (T_o - T_i)K_p \quad \cdots (1.17)$$

熱材外面の表面温度は

$$T_S = T_O - \frac{q}{\alpha_0} \quad \cdots (1.18)$$

ここに　T_s：管表面温度 [℃]

　　　　q　：伝熱量 [W/m]

　　　　T_i：流体温度 [℃]

　　　　T_o：外界温度 [℃]

として求めることができる。

---

32) 標準的な数値としては、ロックウールは0.030 W/mK、グラスウールは0.034 W/mK、ケイ酸カルシウムは0.044 W/mK、硬質ウレタンフォームで0.018 W/mK、フォームポリスチレンでは0.0424 W/mK。

(2)　流体の温度変化

搬送に伴う配管内温度の変化は下式で求められる。

$$T = e^{\frac{K_P}{M_f C_p} L} \times (T_1 - T_0) + T_0 \qquad \cdots (1.19)$$

ここに　T　：流体の温度 [℃]

T_1　：供給温度 [℃]

T_0　：外界温度 [℃]

K_P　：熱通過率 [kJ/mh℃]

M_f　：質量流量 [kg/h]

C_p　：比熱 [J/kgK]　　=4.186 J/kgK

L　：搬送距離 [m]

(3)　静止した配管の温度変化

静止した配管の温度変化を求めるには下式による。

$$T = e^{\frac{K_P}{M_l C_p} t} \times (T_1 - T_0) + T_0 \qquad \cdots (1.20)$$

ここに　M_l：単位長さ当りの流体の質量 [kg/m]

t　：経過時間 [h]

＜参考文献＞

[1]　上村泰：" 設備設計者のための腐食と防食①～⑨"，建築設備と配管工事2015.3 ～ 2015.11 (NIKKO EXTRACT SERIES 007)

[2]　小峯裕己："建築設備の実務設計ガイド"，オーム社 (2013)

[3]　ステンレス協会："改訂版　建築用ステンレス配管マニュアル"，ステンレス協会 (2011)

[4]　日本伸銅協会："伸銅品データブック"，日本伸銅協会 (2009)

[5]　JIS B 2352:2013 ベローズ形伸縮管継手

[6]　SHASE-S 003-2012 スリーブ形伸縮管継手

第2章 | **配管システム**

本書では空調設備配管のうち、冷温水配管と冷却水配管を扱うが、本章では、回路的な説明を示す。

2.1　空調設備の冷温水配管システム

2.1.1　配管システムの方式

空調設備の冷温水配管システムはいくつかの面から分類され、様々な呼び方がされている。

(1)　熱供給方式

空調負荷の特性に合わせ下記の方式が選定される。

- 冷温水2管
- 冷水・温水4管
- 冷水・冷温水4管

近年は空調設備に求められるグレードも高くなり、冬期冷水要求のある場合も多いことから、4管供給が標準となっている。夏期に必要な温水は通常再熱負荷であるが温水負荷がない場合も多く、冷水・冷温水4管方式とすることもある。冷水は、低温冷水と中温冷水に系統を分けることも行われている。外調機系統ではシーズン切替でよいので冷温水2管式としている。かつては冷水・温水の還管を共用した3管式も用いられたが、混合損失が発生するので現在では採用されない。

(2)　配管回路の種類

空調設備の配管システムは、回路的には大きく

- 密閉配管回路
- 開放配管回路
- 熱供給（地域冷暖房）受入

の3種類に分類できる。密閉回路は大気開放されない回路、開放回路は蓄熱槽のある回路と考えてよい。配管回路の特徴を理解しておくことは、配管システムを計画する上で重要なポイントである。

(3)　流量制御方式

冷温水配管は流量制御の方式により、定流量方式と変流量方式に分類できる。ここでいう変流量は負荷側流量の変流量のことである。定流量方式はシステム的に簡易であることから小規模の設備に用いられたが、現在はその規模ではビル用マルチパッケージ方式が採用される。中・大規模設備では、台数制御や変流量制御などの省エネルギー手法を取入れやすい変流量方式が採用されている。熱源機は定流量運転が原則であったが、最近は熱源機器も変流量運転とする傾向にある。

(4)　還水方式

還水方式としては、ダイレクトリターン方式とリバースリターン方式があるが、二方弁制御を行っている系では特にリバースリターンの必要はない。部分的に定流量方式が混在していても、定流量弁を用いダイレクトリターンとしている。ファンコイルユニットをゾーン制御で行っている場合などは、ゾーン内ではリバースリターンとした方がよい。

2.1.2　配管回路

(1)　配管回路の分類

空調設備の配管系は、前述のように回路的には3種類に分類できるが、密閉配管回路はさらに、開放式膨張タンクを利用する場合と、密閉式膨張タンクを利用する場合で回路的に異なる。開放配管回路は、停止時に戻り管を落水させる自然流下式と満水状態を維持する満流式に分類される。熱供給受入では、需要家側で自然上昇高さ以下でのみ利用する場合と、自然上昇高さ以上でも利用する場合で異なる。表2.1にはそれぞれの特徴をまとめてある。

配管回路を計画する上での原則は下記2点である。

① 　大気圧以下になるところがないようにする。部分的に大気圧以下となることは許容されるが負圧は極力小さくし、キャビテーションや空気の侵入などに注意しなければならない。

② 　機器・配管の耐圧を超えないようにする、または、耐えられる機器・管材を選定する。

これらについては、停止時だけではなく運転状態での系内の圧力を想定して検討しなければならない。そのために、第3章で述べる圧力線図は有効な手段である。

表2.1　配管回路の種類と特徴

密閉配管回路	開放式膨張タンク利用	系内の圧力は膨張タンクの設置高さで決り、加圧力は一定。 開放式冷却塔を用いた冷却水配管系も回路的には同じ。
	密閉式膨張タンク利用	系内の圧力は膨張タンクの圧力で決るが、膨張タンクの圧力は温度変化による管内水の膨張・収縮により変わるので、管内圧力も変動する。
開放配管回路	自然流下式	戻り管頂部にバキュームブレーカを設け、停止時には戻り管内を落水させる。開放式冷却塔を冷凍機より下に設置するケースも同じ。
	満流式	還水管下部に圧力保持弁を設け、系全体を停止時にも満水状態に保つ。系内の圧力は保持圧力により決定される。
熱供給受入	自然上昇高さ以下	配管系最高位においても負圧になることはない。 開放式膨張タンク利用密閉配管回路と同様。自然上昇高さを開放式膨張タンク設置高さとみなせる。
	自然上昇高さ以上	自然上昇高さ以上の部分で負圧にならないようにするため、戻り管下部に圧力保持弁を設け、満水状態に保つ。満流式開放配管回路と同様。

(2)　密閉配管回路

　配管経路が大気開放されない配管系で、開放式または密閉式の膨張タンクを設ける。膨張管の取出し位置は系内の圧力が負圧になるところがないように決める。一般的には開放式膨張タンクが用いられ、開放式膨張タンクが設置できない場合に密閉式膨張タンクが採用される。密閉式膨張タンクの採用については、防食上の利点が挙げられることがあるが、開放式膨張タンクを用いても運用面に留意すれば長寿命を達成できる。近年は、溶存酸素除去のため脱酸素装置を採用していることもある。

　開放式膨張タンクを用いる場合は、系内の圧力は膨張タンクの設置高さ（厳密には水面の高さ）により決定される。膨張タンクの設置高さと膨張管の取出し位置は、系内で負圧になる部分が無いように計画する。一般的には、膨張管は静水頭に対し最も圧力の低くなる循環ポンプの吸込み側から取出す。開放式冷却塔を用いた冷却水配管系は冷却塔で大気開放されるが、冷却塔の設置高さで系内の圧力が決定されるので回路的には密閉配管回路と見なせる。

　密閉式膨張タンクを用いる場合は、密閉式膨張タンクの加圧力で系内の圧力が決る。一般の空調設備ではダイヤフラム式やブラダ式の膨張タンクが用いられるので、地域冷暖房施設などで用いられる不活性ガス加圧による定圧加圧装置とは異なり、温度変化による系内水の膨張・収縮により系内の圧力が変動する。膨張管の取出し位置に特に制限はないが、

密閉式膨張タンク自体は圧力の低い位置に設置した方が容量的には小さくできる。

(3) 開放配管回路

　地下ピットを蓄熱槽として利用した蓄熱システムでは、開放配管回路となる。表2.2では蓄熱側回路は同じで、放熱側回路の比較をしている。表に示すように、還水方式から自然流下式と満流式に分類できる。自然流下式では戻り管頂部にバキュームブレーカ[1]を設け自然流下とし、停止時には戻り管内を落水させる。サイホン作用で上流側の配管まで落水しないように、一旦立ち上がり部を設けてからバキュームブレーカを取り付ける。満流式では戻り管下部に圧力保持弁[2]を設け、常に満水状態に保持する。この場合は、系内圧力は圧力保持弁の保持圧力で決定される。圧力保持弁には自力式と計装式があり、通常は動作の速い自力式が選択されるが、差圧が小さい場合には計装式が適している。開放配管回路では、溶存酸素が減少しないことから腐食の問題は避けられないため、最近は負荷側へは熱交換器を介した間接供給が選択されることが多いが、その場合も蓄熱槽側は開放回路となることは同じである。

表2.2　開放回路の種類

配管回路	直接供給		間接供給
	自然流下式	満流式	
特徴	▶ 比較的落差の小さい（5～6m以内）場合に適す ▶ 二次側配管系の腐食対策が必要 ▶ 二次側戻り配管のサイズダウンが可能	▶ 比較的落差の大きい場合 ▶ 二次側配管系の腐食対策が必要 ▶ 圧力保持弁は自力式と計装式があるが、動作速度の速い自力式が多く使われている	▶ 二次ポンプの揚程を低く押さえられるので高層ビルに適す。 ▶ 二次側が密閉回路になるので腐食の心配がない。 ▶ 熱交換器のアプローチ分供給水のポテンシャルが下がる。

---

1) エア抜きの機能を兼ねたものがある。
2) 背圧弁、落水防止弁、あふれ弁、サステン弁とも。

(4) 熱供給受入

　熱供給施設からの受入れ方式には、表2.3に示すような方式がある。ブリードイン方式は受入温度差を確保することを目的に採用されるが、最近は需要家の熱利用設備で流量計測機能付きの制御弁や戻り温度補償制御弁などを用いて温度差を確保するように計画されている。熱交換器方式は管内圧力・水質などの面で区分が明確になることや中・高層系統ではブースターポンプと比べ揚程を低く選定できることを評価し、低層部はシンプルな直接受入としても、中・高層部では標準的な受入方式となっている。いずれの場合も返送温度が規定温度以下（冷水の場合）にならないように、受入流量制限[3]や返送温度補償制御などを行っている。また、温度差がつきすぎて規定温度以上（冷水の場合）にならないようにするためバイパス回路を設けることもある。

　需要家の配管回路としては，自然上昇高さ[4]以上で利用するか否かで異なる。自然上昇高さ以下で利用する場合は自然上昇圧を静水頭と見なせるので、密閉回路と変るところはない。自然上昇高さ以上で利用する場合は、満流式開放回路と同様な回路とみなせる。通

表2.3　熱供給受入方式

	受入回路	特徴
直接接続	流量制限弁　負荷	▶戻り温度の偏差で供給差圧を変更する。
ブリードイン	流量制限弁　負荷　圧力保持弁	▶送り温度が設定値になるように戻り流量をバイパスする。 ▶返送温度偏差で送り温度を変更する。
間接接続	流量制限弁　熱交換器　負荷	▶返送温度偏差で送り温度を変更する。

3)　熱供給規定に規定されており、受入施設に流量制限弁を設ける。
4)　熱供給施設での加圧力（システム静水圧とも）。施設が停止したときに維持できる高さになる。

常、落水時に空気が入らないよう、配管頂部にバキュームブレーカに代えて図2.1に示すようなワンウェイサージタンクを設置する。需要家設備の計画に際しては以下の点を確認する。

① 受入圧力・返送圧力および自然上昇圧。TP（東京湾中等潮位）やAP（荒川工事基準面）などを基準として示される。

② 還水返送温度の制限（上限・下限）。

③ 水質管理方式

④ 受入管の材質

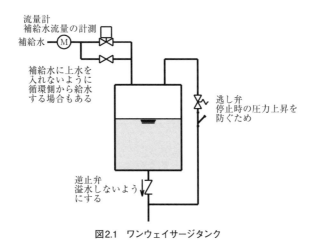

流量計
補給水流量の計測
補給水

補給水に上水を
入れないように
循環側から給水
する場合もある

逃し弁
停止時の圧力上昇を
防ぐため

逆止弁
溢水しないよう
にする

図2.1　ワンウェイサージタンク

2.1.3　密閉配管回路

密閉回路には表2.4に示すように、定流量方式と変流量方式があり、変流量方式には単式（一次）ポンプ方式と複式（一次二次）ポンプ方式がある。

(1)　定流量方式と変流量方式

定流量と変流量の違いは負荷側の流量制御の違いであり、定流量方式では三方弁による制御で負荷流量は変化しないが、変流量方式では二方弁による制御で負荷流量は連続的に変化する。回路的には、定流量方式では配管系の圧力損失は一定であり配管系の抵抗係数は変わらないが、変流量方式では制御弁の動作により配管系の抵抗係数が変わり圧力損失も変化する。

表2.4　密閉配管回路

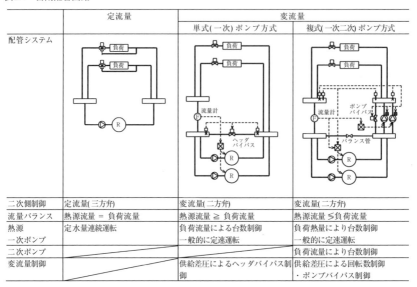

	定流量	変流量	
		単式(一次)ポンプ方式	複式(一次二次)ポンプ方式
配管システム			
二次側制御	定流量(三方弁)	変流量(二方弁)	変流量(二方弁)
流量バランス	熱源流量 ＝ 負荷流量	熱源流量 ≧ 負荷流量	熱源流量 ≦負荷流量
熱源	定水量連続運転	負荷流量により台数制御	負荷熱量により台数制御
一次ポンプ		一般的に定速運転	一般的に定速運転
二次ポンプ			負荷流量により台数制御
変流量制御		供給差圧によるヘッダバイパス制御	供給差圧による回転数制御・ポンプバイパス制御

　定流量方式では負荷流量が変わらないので、常に熱源流量と負荷流量は等しく、熱源機・一次ポンプは定流量連続運転となる。熱源機を分割したとしても、台数制御を行うと運転台数が減少したときに、一次ポンプの吐出量が過大になりオーバロードの危険性がある。変流量方式では負荷流量は連続的に変化するが、熱源機は定流量運転が基本であり熱源流量は段階的に変化するので、負荷流量と熱源流量は一致しない。単式ポンプ方式ではヘッダバイパス、複式ポンプ方式ではポンプバイパスとバランス管で熱源側と負荷側の流量バランスをとる。

(2)　単式ポンプ方式と複式ポンプ方式

　変流量方式では熱源機を変流量対応としても、熱源側と負荷側で熱量はバランスするが温度差は一致しないので、熱源流量と負荷流量も一致しない。一般的に、負荷流量は負荷熱量から算定される流量より多くなる傾向がある。単式ポンプ方式では、一次ポンプで負荷側の流量を確保しなければならないので、熱源機の流量は負荷流量から決定し台数制御は負荷流量で行う。熱量で運転台数を選択すると、負荷側の温度差がつかない場合などに運転台数が不足すると、ポンプのオーバロードの危険性がある。熱源側の流量が負荷流量を上回るので、ヘッダ間バイパス（一方向）で流量をバランスさせる。バイパス管は、一次ポンプを変流量運転する場合にあっても定流量で運転することを考慮し、熱源機1台

分の流量を見込む。バイパス弁は負荷側が絞られ供給差圧が大きくなった場合、供給差圧を下げるように動作する。供給差圧が設定値を下回れば、流量増により増段される。負荷側の温度差が熱源側の温度差より大きくなる状況が想定される場合には負荷熱量でも台数判定を行い、多い方で決定することもある。

　複式ポンプ方式では、二次ポンプで負荷流量は確保されるので熱源機の流量は設計温度差で決定し、台数制御は負荷熱量で行う。負荷側が計画温度差で運転されていれば熱源流量が負荷流量を上回るし、負荷側の温度差がつかないときは負荷流量が熱源流量を上回ることもありうる。そこで、送り一次ヘッダと戻り一次ヘッダ間にバランス管（双方向）を設け、流量のバランスをとる。バランス管のサイズは熱源機1台分の流量を見込んで決定し、余裕をみた配管径とし配管経路的にも抵抗ができるだけ小さくなるように配慮する。バランス管は一次ヘッダ間の連絡配管にすぎず、制御弁は不要である。二次ポンプは負荷流量で台数制御し、供給差圧で回転数制御・バイパス制御を行う。回転数制御だけでは追随できず、供給差圧が設定値より上がるとバイパス弁は設定値まで下げるように動作し、供給差圧が設定値を下回った場合は流量増により増段される。ポンプバイパスは定速ポンプの場合はポンプ1台分、可変速ポンプの場合は30％程度を見込んで決定する。

　単式ポンプ方式と複式ポンプ方式の標準的な回路を図2.2に示す。開放式膨脹タンク利用のシステムを想定し、膨脹管は戻り一次ヘッダから取り出している。複式ポンプ方式では、戻り二次ヘッダ・戻り一次ヘッダ・送り一次ヘッダの圧力はほぼ等しくなり、膨脹管はこれらのどこから取出しても大差は無いが、区分の意味合いから戻り一次ヘッダから取出している。単式ポンプ方式でも戻り一次ヘッダ・戻り二次ヘッダの圧力はほとんど同じで、膨脹管はどちらから取出しても大差は無い。複式ポンプ方式では系全体の抵抗を一次ポンプと二次ポンプで分担するが、一次ポンプは戻り一次ヘッダから送り一次ヘッダまで、二次ポンプは送り一次ヘッダから戻り一次ヘッダまでを分担することになる。

　開放式膨脹タンク利用回路では、膨脹管取出しをそのように決定すると、戻り側の圧力が膨脹タンク設置高さで決るので戻り圧力が一定となり、送り圧力を一定とすれば供給差圧を一定にできる。図では供給差圧を戻りヘッダと送りヘッダ間で計測しているが、複式ポンプ方式では送り一次ヘッダと送り二次ヘッダ間で計測していることもある。供給差圧は一定とすることが一般的であったが、近年は設定値を可変とする制御が標準的な制御になっている。その場合ポンプバイパスは締切り運転防止のためとして最小流量（最大吐出量の10％程度）で開とする動作のみとすることもあるが、定速運転する可能性を考えれ

ば供給差圧による制御は残しておくべきであろう。熱源機は定流量運転が標準であったが、最近は熱源機の運転可能な流量範囲内で変流量としていることもある。その場合は熱源機毎に流量計を設け、コントローラで按分した流量になるように一次ポンプの回転数を決めるのが良い。

　変流量システムでは二次ポンプの締切り運転に注意が必要で、4管供給システムの温水系統は、夏期に負荷が極端に低下し締切り運転になる危険性がある。その対策としてはバイパスを戻り二次ヘッダに戻す方法や、配管系末端でバイパスしていることもある。

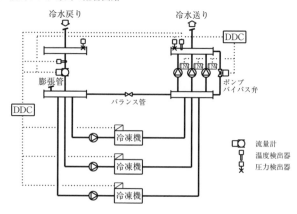

(a) 単式ポンプ方式の配管回路

(b) 複式ポンプ方式の配管回路

図2.2　変流量方式の配管回路

2.2　熱源の台数分割

　熱源機器は部分負荷対応や故障時の対応を考慮し、複数台に分割設置される。等容量に分割する方が台数制御は行いやすいが、効率的な運転のためには熱負荷の負荷累積曲線を参考に、熱源機の容量制御範囲と最小負荷も勘案して決定する。設置方法としては図2.3に示すように、並列設置と直列設置する方法がある。図では熱源機は等容量で、負荷側への供給温度は送り5℃、戻り15℃とし、（　）書きの温度は熱源機の出口温度設定である。図中のグラフは上が冷凍機の入口温度と出口温度を、下のグラフは負荷熱量と熱源機の処理熱量を示している。並列設置では熱源機の出入口温度差は10℃で、直列設置では5℃である。並列設置したときは、各熱源機の入口温度は同じなので、(a)のように出口温度設定が同じで定流量運転であれば、負荷は流量比で分担されるので、この場合等量に分担される。(b)はNo2熱源機が変流量運転可能な場合で、流量比で負荷分担されるので分担比率を変えることができ、図では定速で運転するNo1熱源機の処理熱量が増えている。直列設置の場合には、(c)(d)のように上流側に設置した機器の出口温度設定で負荷分担は変わる。(c)ではNo1冷凍機の出口温度設定を5.0℃にしており、No1熱源機の処理熱量が

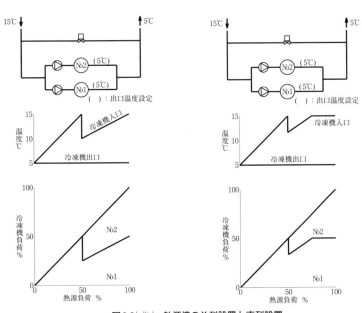

図2.3(a)(b)　熱源機の並列設置と直列設置

(c) 直列設置：上流側冷凍機出口温度設定5℃　　(d) 直列設置：上流側冷凍機出口温度設定10℃

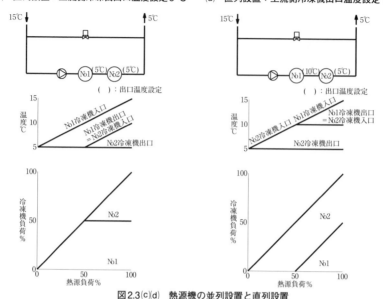

図2.3(c)(d)　熱源機の並列設置と直列設置

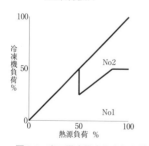

図2.4　出口温度設定を変えた場合

多くなり、(d)ではNo1冷凍機の出口温度設定を10℃としているので、No2熱源機の処理熱量が多くなる。直列設置は大温度差の実現や上流側機器の効率向上を目的として採用されたが、最近の機器は単機でも大温度差を確保できるので、あえて直列設置を選択する意味は無い。ポンプ動力を比較すると、負荷流量が同じであれば直列方式の方が大きくなる。図2.4には並列設置する冷凍機の出口温度設定を変えた場合を示す。ここでは、負荷側温度差は6℃、冷凍機の出口温度を5.0℃と7.0℃にしている。出口温度が同じ場合と比べると出口温度設定を5.0℃とした冷凍機の負荷処理量が増える。ただし、送り温度が7.0～5.0℃で変わることに留意しなければならない。

2.3 二次ポンプの制御

2.3.1 供給差圧一定制御

　変流量方式では、負荷変動により配管系の抵抗係数は常に変動するが、その必要差圧を決定するのは困難であることから、差圧一定で供給するのが原則である。非常に簡略化した例を図2.5に示す。配管の抵抗は無視し、負荷の抵抗のみ考慮している。(a)は設計状態で、負荷1・負荷2それぞれ50%の負荷である。全体の負荷が50%になる状態を考えると、(b)のようにそれぞれの負荷が25%になる場合から、(c)のように一方の負荷はそのままで他方の負荷が0となる場合までありうる。(b)では配管系の特性が変らず循環流量が1/2になっているので、必要差圧は1/4になる。(c)では負荷1のみの抵抗となり、配管の抵抗を無視すれば循環流量が1/2になっても必要差圧は変らない。差圧一定としておけば、(b)〜(c)どのような場合でも流量が不足することはない。

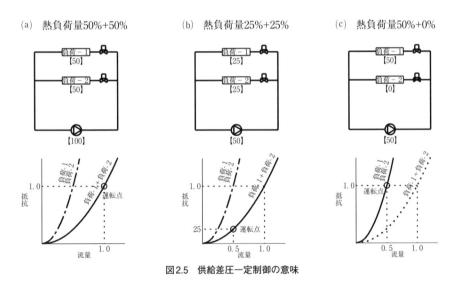

(a)　熱負荷量50%+50%　　　(b)　熱負荷量25%+25%　　　(c)　熱負荷量50%+0%

図2.5　供給差圧一定制御の意味

2.3.2 変流量制御

　変流量制御では二次ポンプの運転は、台数制御と変流量制御を組合せて行われ、負荷流量により台数制御を行い、供給差圧を維持するように回転数制御・バイパス制御を行う。インバータが一般化するにつれ、より効率の高いシステムを目指しポンプの組合せは、全台定速ポンプ→1台可変速ポンプ→全台可変速ポンプというように変化してきた。それら

の代表的な方式を表2.5に示す。(a)差圧一定バイパス制御は定速ポンプ4台の組合せ、(b)差圧一定変流量制御と(c)最適差圧変流量制御は可変速ポンプ4台の組合せである。3方式とも変流量システムであるが、(a)(b)は供給差圧一定であり、(c)は差圧も可変としており、最小差圧変流量方式・差圧最適化変流量方式とも呼ばれている。グラフは上から、負荷流量と供給差圧、負荷流量とポンプ吐出量、負荷流量とポンプ動力の関係を示している。実線が実際の変化、鎖線は参考に理論値を表したものである。(a)ではポンプは定速運転で吐出量は一定で、揚程も一定であるので、動力は運転台数により段階的に変化する。(b)ではポンプの吐出量は負荷流量に合わせて変化するが揚程は一定であるので、動力は流量に比例して変化する。(c)では揚程も変化させるが、負荷側のコイルの抵抗や制御弁などの必要差圧を確保しなければならず、動力を配管系の抵抗係数を一定とした理論値まで下げることはできない。最近は最適差圧制御が標準になってきている。変流量制御の方式によるポンプの運転点の違いを図2.6に示す。1台のみ可変速ポンプとした定速機と可変速機の組合せも考えられ、(b)と同様な制御は可能であるが、定速機の運転限界から十分な最適差圧制御はできない。最適差圧制御であっても末端差圧をある程度見込むと、回転数は40%

表2.5　二次ポンプの変流量制御

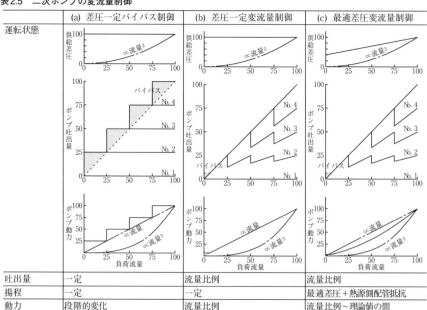

	(a)　差圧一定バイパス制御	(b)　差圧一定変流量制御	(c)　最適差圧変流量制御
吐出量	一定	流量比例	流量比例
揚程	一定	一定	最適差圧＋熱源側配管抵抗
動力	段階的変化	流量比例	流量比例～理論値の間

以下には下がることはないので、回転数下限でバイパス弁が作動することはないが、ポンプを定速で運転することにも対応しておくべきである。締切り運転防止のため、最低流量を決めてバイパスすることも必要である。

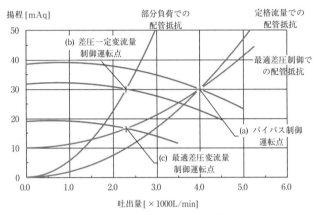

図2.6　変流量制御の方式によるポンプの運転点の違い

2.3.3　最適差圧制御

　差圧一定の変流量制御では流量変化に比例した動力低減しか得られないので、さらに省動力を図るために最適差圧制御が行われる。最適差圧制御は空調配管系のように実揚程が小さく配管の抵抗が全揚程の大部分を占める系で効果が大きい。最適差圧制御を行うには、全ての負荷で常に必要な差圧を確保しつつ行わなければならないが、空調の配管系では以下のような問題がある。

①　負荷側機器の制御に伴い配管系の抵抗曲線は常に変動するので、抵抗曲線を特定することは現実的に不可能である。

②　一般に負荷側機器が多数設置され、そのすべてで差圧が確保されていることを確認することは困難である。

流量に見合った必要差圧を理論的に求めることは困難であるので、何らかの手段で必要差圧を想定しなければならない。現在行われている差圧設定値の決め方を表2.6に示す。

（a）　推定末端差圧制御

　負荷流量により必要差圧を想定する方式で、簡易な制御で十分な省エネ効果が得られ

る。熱源廻りで制御が完結するので既設設備への適用も容易である。圧力不足を来さないよう差圧設定に余裕を持たせる必要はあるが、動力的には大きくはない。

(b) 末端差圧一定制御

末端機器が特定できる場合は、末端差圧一定制御が選択される。通常、目標とする末端差圧が設定値になるように供給差圧を変更する。制御的にシンプルで新築設備では主流になっている。末端と考えられる機器が複数存在する場合は選択して制御できるようにする。運転計画を基にして、適切なチューニングを行うことが要求される。

(c) 制御弁開度情報利用制御（DDC連携制御）

近年は負荷側の制御弁開度情報を用いて回転数を決定することも行われている。負荷側空調機のフィードバック制御の偏差と制御弁の開度から差圧の過剰・不足を判断し、供給差圧を修正する制御である。制御弁開度情報利用制御は理想的であるが、全ての負荷で流量が不足していないことの確認が必要であることや、空調機の重要度による重みづけや、ファンコイルユニットの扱いなど調整項目が多い。

表2.6の図に示すとおり、3種類の制御ともカスケード制御の形をとっており、複数の制御を実装し、ポンプコントローラ（DDC）への入力を切替えることで、制御方法を選択することができる。また、設定値を一定とすれば、差圧一定変流量制御の動作となる。

表2.6　最適差圧制御の方法

	(a) 推定末端差圧制御	(b) 末端差圧一定制御	(c) 制御弁開度情報利用制御
配管回路			
概要	流量に応じて供給差圧を変更する。 負荷流量と必要供給差圧の関係はあらかじめ設定しておく。 圧力不足を起さないように、ある程度の余裕を見込む必要がある。 熱源廻りで制御が完結する。	末端差圧が設定値になるように供給差圧を変更する。 複数の末端がある場合は、それぞれの差圧を計測し選択する。 適切なチューニングが必要	制御弁のどれか一つが全開状態となるまで供給差圧を下げる。空調機制御の温度偏差と制御弁開度から空調機の能力状態（不足・最適・過剰）を判断する。

2.4　熱源設備の運転状態

　本節では現実的な熱源設備を想定し、いくつかのケースでの運転状態を示す。想定するシステムとしては、熱源機は等容量4台の冷凍機を並列設置し、複式ポンプ方式では二次ポンプとして可変速ポンプ4台を設ける。一次ポンプは定流量を基準とするが、変流量としたケースも示す。負荷側の設計温度差は10℃としている。本節で示す図中の【 】の数値は合計流量を100%とした流量と温度で、負荷率60%の場合の値である。右上のグラフは負荷率と温度の関係を、右下のグラフは負荷率と冷凍機の製造熱量の関係[5]を示している。右下のグラフには熱源流量・負荷流量も破線で表記している。温度差が設計値通りであるときは、冷凍機製造熱量の線に重なっているので図には表れていない。

2.4.1　単式ポンプ方式

(1)　負荷側温度差が設計どおりのケース

　図2.7(a)は負荷側温度差が設計どおり10.0℃確保できているケースであり、冷凍機製造熱量と負荷流量は同じ負荷率で変化する。負荷率60%では、送り温度は5.0℃戻り温度は15.0℃で、負荷流量は60%である。冷凍機は3台運転で負荷流量60%に対し熱源流量は75%となり、15%はバイパスする。その結果冷凍機入口温度は13.0℃になる。冷凍機は3台とも出入口温度差8.0℃で単機では80%の負荷率、熱源設備容量に対しては20%の負荷率で運転することになる。

(2)　負荷側が定流量状態のケース

　図2.7(b)に負荷側の温度差がつかない例として、極端ではあるが定流量状態であるケースを示している。負荷率60%では、負荷流量は100%、送り温度は5.0℃戻り温度は11.0℃である。バイパスは0で、熱源流量は100%必要であるので、冷凍機は4台運転しなければならない。冷凍機は4台とも出入口温度差6.0℃差の運転になり単機では60%の負荷率、熱源設備容量に対しては15%の負荷率で運転することになる。

(3)　一次ポンプを可変速としたケース

　図2.7(c)は、負荷側は(1)と同じであるが、一次ポンプを変流量としたケースである。変流量範囲は100〜50%で、並列運転する場合は各機とも同じ流量で運転することとする。負荷率60%では冷凍機は3台運転であり、入口温度は15.0℃出口温度は5.0℃となり、

---

5)　実際の台数制御では、増段と減段の間にディファレンシャルを設ける。

(a) 負荷側温度差が確保されているケース

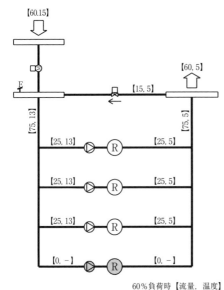

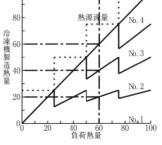

60％負荷時【流量，温度】

(b) 負荷側が定流量状態であるケース

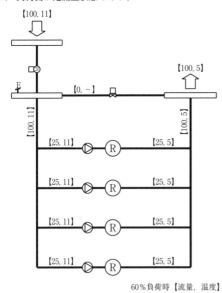

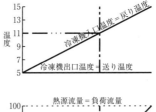

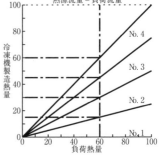

60％負荷時【流量，温度】

図2.7 (a)(b)単式ポンプ方式の運転状態—1

(c) 一次ポンプを変流量としたケース

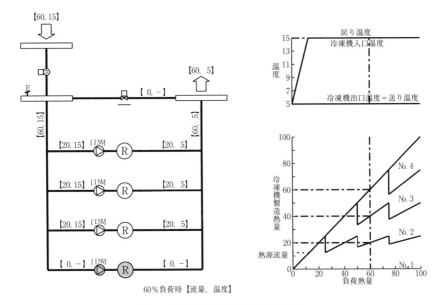

60％負荷時【流量，温度】

図2.7 (c)単式ポンプ方式の運転状態—2

冷凍機は流量80％出入口温度差10 ℃で、負荷率80％の運転になる。熱源設備容量に対する負荷率100 ～ 12.5％の範囲で熱源流量と負荷流量は等しく、バイパスは0となる。

2.4.2 複式ポンプ方式

(1) 負荷側温度差が設計どおりのケース

図2.8(a)は負荷側温度差が設計どおり10.0 ℃確保できているケースであり、冷凍機製造熱量と負荷流量は同じ負荷率で変化する。冷凍機の運転は単式ポンプ方式の場合と同じである。熱源側の流量が過剰であるので、バランス管には往ヘッダから還ヘッダに15％の流量が流れる。二次ポンプの運転台数は3台で、可変速ポンプであるので、3台とも吐出量は定格吐出量に対し80％、全流量に対し20％であり合計流量は負荷側流量と一致しポンプバイパスは0である。定速ポンプであれば15％の流量がバイパスする。

(2) 負荷側が定流量状態のケース

図2.8(b)に負荷側の温度差がつかない例として、定流量状態であるケースを示している。熱量的には60％の負荷であるので、冷凍機は3台運転でよい。冷凍機の入口温度は13.0 ℃、

(a) 負荷側温度差が確保されているケース

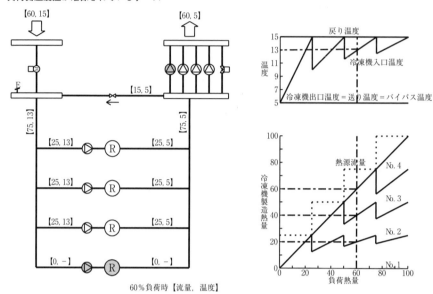

60％負荷時【流量，温度】

(b) 負荷側が定流量状態であるケース

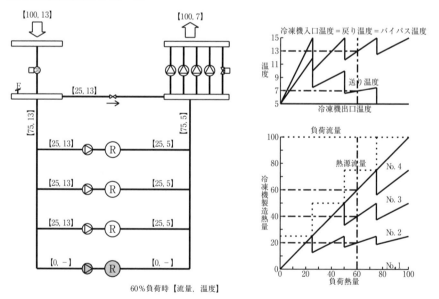

60％負荷時【流量，温度】

図2.8　(a)(b)複式ポンプ方式の運転状態―1

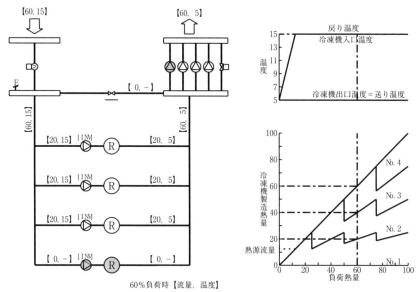

60％負荷時【流量，温度】

図2.8　(c)複式ポンプ方式の運転状態—2

出口温度は5.0 ℃で(1)と変わらない。二次ポンプは4台運転が必要である。負荷側流量が過剰であるのでバランス管には戻りヘッダから送りヘッダに25％の流量が流れ、送り温度は7.0 ℃に戻り温度は13.0 ℃になる。このように送り温度が上昇するので、台数制御判断には送水温度の要素を加え、供給限界温度を超えると強制増段[6] するようにしている。バランス管に流れる流量も、熱源機1台分以上になることもありうるが、強制増段が正しく行われていれば極端な大流量は流れない。

(3)　一次ポンプを可変速としたケース

図2.8(c)は、負荷側は(1)と同じであるが、一次ポンプを可変速としたケースであり、単式ポンプ方式の場合と同様に、各機とも同じ流量で運転することとしている。熱源機と一次ポンプの運転は単式ポンプ方式の場合と変わらない。熱源機が流量50％まで運転可能であれば、並列運転時には熱源流量が過剰になることはない。二次ポンプの運転は(1)と同じで吐出量80％の運転である。

---

6)　減段は冷凍機入口温度（または、戻り一次ヘッダ温度）で判定している。

(a) 冷凍機を部分負荷で運転するケース ――次ポンプ定流量―

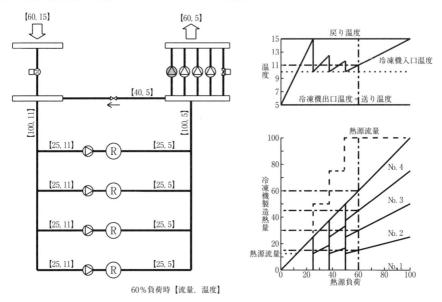

60％負荷時【流量，温度】

(b) 冷凍機を部分負荷で運転するケース ――次ポンプ変流量―

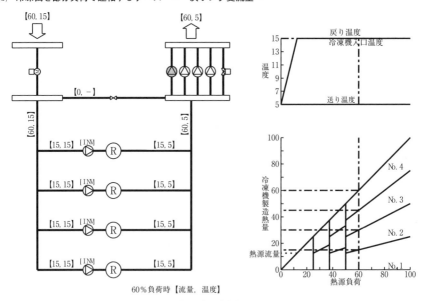

60％負荷時【流量，温度】

図2.9 複式ポンプ方式の運転状態

⑷　冷凍機を部分負荷で運転するケース　ー一次ポンプ定流量ー

　可変速ターボ冷凍機は、部分負荷で運転する方が効率の高い運転ができる。常に最高効率で運転することは単純な台数制御では難しいが、ここでは負荷率100 〜 50%の範囲でできるだけ低負荷で運転するケースを図2.9⒜示した。全負荷に対する負荷率100 〜 50%では4台運転、50 〜 37.5%では3台運転、37.5 〜 25%では2台運転、25%以下で1台運転となる。負荷率60%では冷凍機は温度差6.0℃で負荷率60%の運転である。このケースでは、熱源流量は、最大で冷凍機2台分過剰となることもあることに留意する。

⑸　冷凍機を部分負荷で運転するケース　ー一次ポンプ変流量ー

　図2.9⒝は⑷と同じ運転であるが、一次ポンプを可変速としたケースで、流量は負荷率に合わせて制御することとする。冷凍機の運転は⑷と同じであり、変流量範囲を100 〜50%とすると熱源流量が過剰となることはない。負荷率60%では冷凍機は流量60%温度差10.0℃の運転になる。冷凍機の運転容量の範囲と変流量の範囲の関係によっては、過剰流量が発生することもある。

参考文献
[1]　㈳建築設備技術者協会編：“建築設備の監視制御”，オーム社（2008）
[2]　田崎茂・染谷博行：“環境共生世代の建築設備の自動制御入門（新改訂版）, 日本工業出版（2018）
[3]　松本忠雄：VAV・VWV制御，空気調和・衛生工学Vol83,No2
[4]　都市環境エネルギー協会：”地域冷暖房技術手引書（改訂第4版）”，（2013）

第3章 圧力線図

　配管系の管内圧力は図で表現すると分かりやすい。図で表現することにより、停止時だけでなく運転時の圧力も表現できるうえに、流量が変わったときの圧力変動も想定できる。

3.1 圧力線図の種類

3.1.1 空調設備配管に適した圧力線図

　管内圧力の表現は様々に工夫されているが、空調配管システムでは表3.1に示す2種類が適している。ビル空調では(a)のように位置高さごとの圧力が表現できるように、横軸に管内圧力、縦軸に位置高さをとる。熱供給施設の導管などでは搬送距離による圧力変化が分かるよう、(b)のように横軸に水平距離、縦軸に圧力をとる。この場合、配管高さが一定、すなわち静水頭が変わらないとして表現される。需要家から見れば、この圧力が受入圧力・返送圧力になる。

表3.1　空調配管システムでの圧力線図

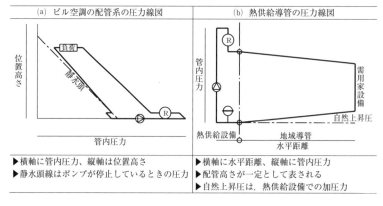

3.1.2　ビル空調設備の圧力線図

　ビル空調用の圧力線図について、各配管要素の圧力線図上での表現を表3.2に示してあるが、基本的にはこれらの組み合わせで作成できる。ポンプや機器・弁類では位置高さは変わらず圧力のみ変化し、竪管では位置高さ・圧力とも変化する。位置高さが同じであると描画線が重なってしまうので、表3.1の様にずらして表現していることもあるが、本書では重ねて描く代わりに流れ方向を示す矢印を付記している。静水頭線[1]はここではポンプが停止しているときの圧力であり、基準となる圧力になる。竪管では配管抵抗が無視できれば、静水頭線と平行になる。

表3.2　圧力線図上の表現

要素	圧力線図上の表現	高さの変化	圧力の変化
ポンプ	ポンプ揚程H	0	+H
機器・弁類 横引き配管	損失抵抗P	0	-P
立上り管	配管圧力損失P 高低差h 静水頭線に平行	+h	-h-P
立下り管	高低差h 静水頭線に平行 配管圧力損失P	-h	+h-P

3.1.3　導管の圧力線図

　配管の高さが一定とした搬送距離による管内圧力の変化の表現であり、線の傾きは配管の圧力損失に相当し、配管抵抗が減少すると水平線に近づく。位置高さはTP（東京湾中等潮位）などを基準として表される。需要家側の受入圧力・返送圧力は供給端からの水平距離で読み取った圧力に、供給端と受入端の高低差を圧力に換算して加減算して算定で

---

1)　一般的には、大気開放された水柱の圧力をいうが、本書では少し拡張して静止時の圧力として使っている。

きる。配管の立上り・立下りまで表現しようとすると線図が上下に移動するように示され、配管の勾配を表現しようとすると傾きが変わるように示される。自然上昇圧は熱供給施設での加圧力で、需要家から見ると自然上昇高さであり、熱供給施設の運転が停止したときに満水状態に維持できる高さになる。

本書では図3.1に一例のみ示しておく。配管ルートは図3.1(a)に示すとおりであり、5件の需要家に供給している。図3.1(b)の圧力線図は熱供給施設の供給端から需要家の受入端まで示しているが、主管の位置高さは供給端のレベルで、分岐管の位置高さは受入端のレベルで表記しており、+は分岐点の実際の高さでの圧力を示している。

作画順序は以下のとおりである。まず、主管に関し

①　加圧装置の加圧力を400 kPaとしているので、供給端戻り圧力は400 kPa。

②　還り主管の圧力損失を局部抵抗も含む平均で100 Pa/mとすると、還り主管末端までの圧力損失は100 Pa/m×600 m=60 kPa。

③　還り主管末端の圧力は、400+60=460 kPa。

④　主管末端での差圧を250 kPa確保することとすると、往き主管末端の圧力は460+250=710 kPa。

⑤　往き主管の圧力損失を100 Pa/mとすると、往き主管の圧力損失は100 Pa/m×600 m=60 kPa。

⑥　供給端送り圧力は、710+60=770 kPa。したがって、供給差圧は770-400=370 kPaである。

分岐管については、E棟を例にすると

⑦　供給端と分岐点の間の圧力損失は、100 Pa/m×550 m = 55 kPaなので、主管の圧力は、供給端のレベルで往きが715 kPa、還りは455 kPaである。

⑧　分岐点圧力は供給端から分岐点までの主管高低差が−10 mであるので、往き管では715+100=815 kPa、還り管では455+100=555 kPa。

⑨　分岐点圧力を受入点レベルに換算すると、分岐点からE棟受入点までの高低差が+5 mであるので、往き管では815-50=765 kPa、還り管では555-50=505 kPa。

⑩　分枝管圧力損失を往き管・還り管とも200 Pa/mとすると、分岐管の圧力損失は200 Pa/m×100 m=20 kPa。

⑪　E棟受入点圧力は、往き管が765-20=745kPa、還り管が505+20=525kPa。したがって受入差圧は、745-525=220 kPaとなる。

本例では最後に送り圧力が決まっているが、加圧力と供給差圧が決まっていれば末端差圧が最後に求まる。

(a) 配管ルート

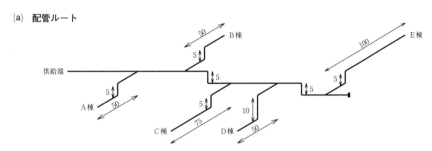

(b) 圧力線図

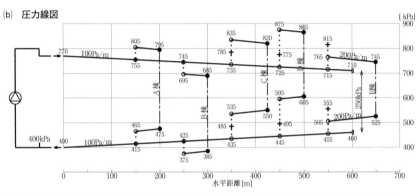

			供給端	A棟受入	B棟受入	C棟受入	D棟受入	E棟受入	往管末
受入点	圧力	kPa		795	685	820	865	745	
	水平距離	m		200	300	425	500	650	
分岐管	圧力	kPa		805	695	835	875	765	
	高低差			-5.0	5.0	-5.0	-10.0	5.0	
	区間距離	m		50	50	75	50	100	
分岐点	圧力	kPa		755	745	785	775	815	810
	高低差			0.0	0.0	-5.0	-5.0	-10.0	-10.0
主管	往主管	圧力 kPa	770	755	745	735	725	715	710
		水平距離 m	0	150	250	350	450	550	600
	還主管	圧力 kPa	400	415	425	435	445	455	460
分岐部	高低差	m		0.0	0.0	-5.0	-5.0	-10.0	-10.0
	圧力	kPa		415	425	485	495	555	560
分岐管	区間距離	m		50	50	75	50	100	
	高低差			-5.0	5.0	-5.0	-10.0	5.0	
	圧力	kPa		465	375	535	595	505	
受入点	水平距離	m		200	300	425	500	650	
	圧力	kPa		475	385	550	605	525	
			供給端	A棟返送	B棟返送	C棟返送	D棟返送	E棟返送	還管末

図3.1　導管の圧力線図の例

51

3.2 各種配管回路の圧力線図

　表3.3には様々な配管回路の圧力線図をまとめている。配管方式としては現在主流でない方式や現実的でない方式も含まれているが、差異を理解できるように考え得る配管回路を列記している。図中の丸番号は作図順序を示しており、①が基準となる圧力であり、まずこの圧力基準点から上流側を描き次に下流側を描いて、最後に必要揚程が定まるようにしている。もし、揚程計算が完了しポンプの仕様が決定していれば、計算の順に書いてもよい。その場合は、流量調整に必要な抵抗が最後に求まる。配管回路図の流れ方向は、圧力線図と一致し対比しやすくするため、反時計回りに描いている。表3.3（その1）は自己熱源の例をまとめてある。表3.3（その2）は熱供給受入の例であるが、自然上昇圧と返送圧力が等しいとして、分かりやすくしている。

3.2.1　密閉配管回路（表3.3（その1）の(1)）

(1)　(a)　開放式膨張タンク利用

　膨張タンク高さ（厳密には水面の高さ）で静水頭が決定され、膨張管取出し位置の圧力は停止時・運転時とも一定である。膨張管をポンプ吸込み側から取出すと戻り圧力はほぼ一定となり、ポンプ吸込み圧力もほぼ一定と見なせるのでポンプの回転数制御・バイパス制御は供給圧（吐出圧）制御としてもよい。膨張管の取出し位置が変わると、運転時の線図も変わる。例えば②で取出せば、②が静水頭線上に重なるように平行移動する。膨張タンクの設置高さは配管最高位より1～2m程度高くすることとされるが、その確認も圧力線図でできる。図3.2(a)のように、熱源機械室が下階にあり熱源機は屋上に設置されているような配管回路では、図3.2(b)の圧力線図上の②で負圧にならない高さとしなければならない。この例では、膨張タンクは配管最高位より7.5m高く設置されているので、運転時のポンプ吸込み側圧力は静水頭より2.5mAq低くなるが、5.0mAqの正圧が確保される。

(2)　(b)　密閉式膨張タンク利用

　密閉式膨張タンクの加圧力を静水頭と見なせるが、系内の温度変化による膨張・収縮に伴い加圧力は変化し、圧力基準点①が移動するので、最低圧力時・最高圧力時の2種類を描く必要がある。具体的には、圧力変動幅の下限は給水圧力で決り、上限は逃し弁の設定圧力で決まる。系内の圧力はこの範囲で変動することになり、これを圧力変動幅と表記している。したがって、ポンプの回転数制御・バイパス制御は必ず差圧制御としなければ

表3.3　各種配管回路の圧力線図（その1）

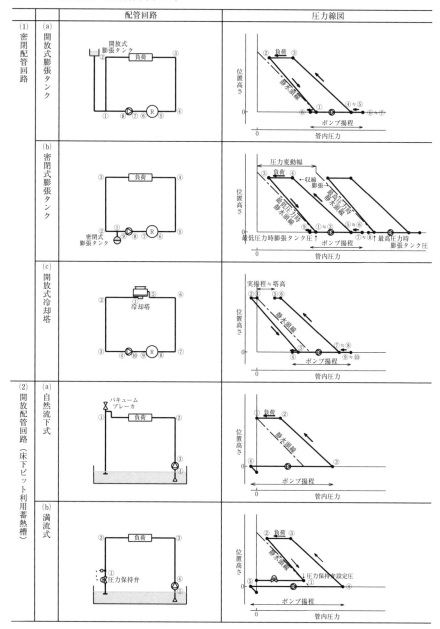

		配管回路	圧力線図
(1) 密閉配管回路	(a) 開放式膨張タンク		
	(b) 密閉式膨張タンク		
	(c) 開放式冷却塔		
(2) 開放配管回路（床下ピット利用蓄熱槽）	(a) 自然流下式		
	(b) 満流式		

表3.3　各種配管回路の圧力線図（その2）

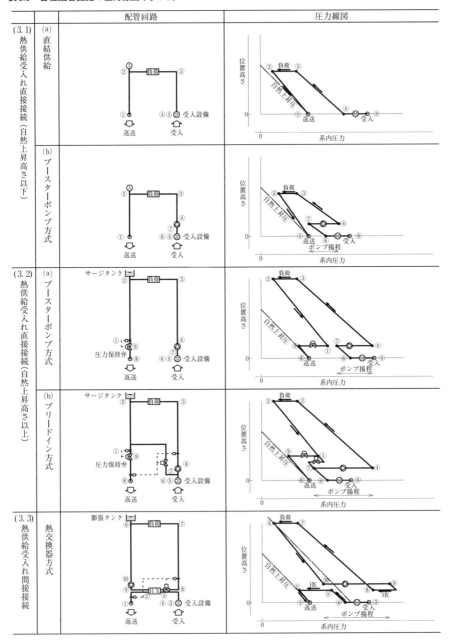

(a) 配管回路

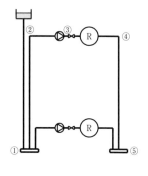

(b) 圧力線図

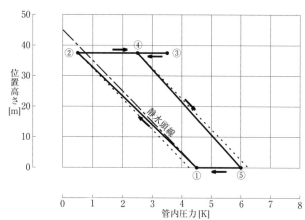

図3.2　開放式膨脹タンクの設置高さ

ならない。密閉式膨脹タンクの仕様選定を正しく行うには、圧力線図を用いるのが便利であり、節を改めて述べることとする。

(3) (c) 開放式冷却塔

　冷却塔の水槽を開放式膨脹タンクとみれば、回路的に開放式膨脹タンク利用密閉配管回路と同じと見なせる。局所的に負圧となることは避けられないが、ポンプの吸込み側では正圧を保てるようにすべきである。冷凍機と冷却塔の高さ関係が逆の場合は開放回路と同様の回路になる。

3.2.2　開放式配管回路（表3.3（その1）の(2)）

　床下ピットを利用した蓄熱槽を有する配管系を想定している。ポンプの設置高さが水面より高いときは吸込み側が負圧となるので、ポンプの吸込み性能などに配慮が必要になる。落水防止のために、フート弁を設置している。

(1)　(a)　自然流下式

　還り管頂部にバキュームブレーカが設置されるので、大気開放されていると見なすことができ、還り管は自然流下となる。フート弁または逆止弁が設置されるので、往き管は停止時にも満水状態で保たれ静水頭線の圧力で維持される。

(2)　(b)　満流式

　還り管下端に圧力保持弁が設置される。圧力保持弁の保持圧力圧①により系内圧力は決定され、保持圧力を静水頭と見なすことができる。保持圧力は配管頂部、この場合は②で負圧にならないように決定する。停止時の圧力は静水頭線となり、満水状態に維持される。

3.2.3　熱供給受入：自然上昇高さ以下（表3.3（その2）の(3.1)）

　需要家の配管系全体が自然上昇高さ以下であれば、配管系の最高位においても負圧にならないので、落水の心配は無い。

(1)　(a)　直接供給

　受入れ差圧で配管系全体の圧力損失をまかなえる場合であり、この場合は負荷の差圧（⑤−②）が最後に決まる。高層ビルであっても低層部分は直結供給としていることも多い。

(2)　(b)　ブースターポンプ方式

　受入れ差圧で系全体の圧力損失をまかなえない場合で、ブースターポンプで揚程を補足する。ブースターポンプは受入れ側に設置する考え方と返送側に設置する考え方があるが、その判断は圧力線図に描けば容易である。図では配管頂部②で負圧にならないように、受入れ側に設置している。もし、受入圧力の返送圧力が図の位置よりポンプ揚程分以上高ければ、返送側に設置することになる。

3.2.4　熱供給受入：自然上昇高さ以上（表3.3（その2）の(3.2)）

　この場合は、自然上昇高さ以上の部分で負圧とならないようにしなければならない。そのため満流式開放回路と同様に還り管に圧力保持弁を設置する。通常、落水時にも空気が

入らないよう配管頂部にはバキュームブレーカに代えてワンウェイサージタンクを設置する。サージタンクの背圧は5 ～ 10 mAq程度見込んで保持圧力を決定する。

(1)　(a)　ブースターポンプ方式

　　配管系最高位②で負圧にならないように圧力保持弁の保持圧力を決定し、系全体の圧力損失に対し受入差圧では不足する揚程をブースターポンプで補足する。圧力保持弁の差圧は保持圧力と返送圧力から決まる。

(2)　(b)　ブリードイン方式

　　返送温度を規定範囲に維持するために、ブリードイン方式が採用されることがある。配管回路的には(1)と同じである。ブリードイン弁の設置は受入れ圧力と系の戻り圧力のバランスによって変わり、図では保持圧力①がポンプ吸込み側圧力⑦より高いとしてブリードイン弁は系戻り側に設置している。逆の場合には⑥－⑦間に設置することになる。

3.2.5　熱供給受入：間接接続（熱交換器方式）（表3.3（その2）の(3.3)）

　　熱交換器を介し、熱供給側は直接接続、需要家側は密閉式配管回路になる。ポンプの揚程はブースターポンプ方式であれば⑤→⑧に対し、⑩→⑨が必要になる。最近は、搬送動力としては無駄が生じるものの、圧力・水質などの面で区分が明確になる熱交換器方式が多い。返送温度を確保する面でも有利である。

3.3 圧力線図の描き方

3.3.1 描き方のルール

　本書での圧力線図の描き方のルールを図3.3によって示す。配管系統は図3.3(a)に示すように熱源設備は地階に設置し上向き供給方式で、配管回路としては開放式膨張タンク利用の密閉回路であり、還り管がリバースリターンとなっている。図中の表には各区間の配管系の圧力損失をまとめている。圧力線図を図3.3(b)に示すが、膨張管はポンプの吸込み側①から取出しておりここが基準点になる。〇番号は①から上流へ⑥まで、下流へ⑧まで振っている。①～⑥＋①～⑧の圧力損失がポンプの必要揚程で31 mAqになる。ポンプの揚程は⑦～⑧であるが34 mAqと定まっており、⑥～⑦は流量調整用の弁の抵抗で3 mAqになる。図中の表には各区間の位置高さの変化と管内圧力の変化をまとめている。

　本書での圧力線図の描画ルールは以下の通りである。

① 　配管回路図は流れ方向が線図と合うように反時計回りで描画する。屋上設置熱源では下向き供給となるので、逆に時計回りとする。

② 　圧力は呼び圧力で表示する。1K = 1 kgf/cm^2 = 98 kPa = 10 mAq。

③ 　目盛りは、縦軸は10 m、横軸は1K ≒ 0.1 MPaとする。静水頭線の傾きは45°になる。

④ 　最下部の位置高さを0 mとする。

⑤ 　床レベル (FL) を記入すると設置階が解りやすい。

⑥ 　流れ方向は矢印を付記して示す。同じ高さの配管は重ねて描き、ずらして表現しない。

⑦ 　機器類の設置高さは厳密に表現していない。

  • 耐圧を安全側に評価できるように、ポンプは設置階FLに配置。

  • 負圧の可能性を安全側に評価できるように、空調機は上階FLに配置。

3.3.2 描画手順

　開放式膨張タンク利用の密閉回路を例として、描画手順を表3.4に示す。ポンプの揚程は40 mAqと定まっている。

(1) 静水頭線

　膨張タンク高さでの圧力を0Kとして静水頭線を引き、膨張管接続位置①を基準として上流側へ作図を開始する。膨張タンク高さが65 mであるので膨張管取出し位置の静水頭

(a) 配管回路

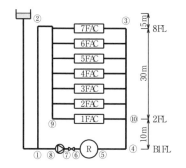

経路	区間	圧力損失 [mAq]
基準点～ポンプ吐出	①～②	4.0
	②～③	10.0
	③～④	4.0
	④～⑤	3.0
	⑤～⑥	5.0
	⑥～⑦	3.0
基準点～ポンプ吸込	①～⑧	5.0
計		34.0
リバース配管	②～⑨	3.0

(b) 圧力線図

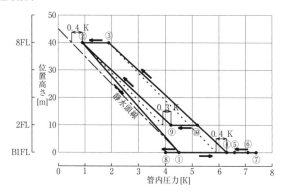

		位置高さ[m]		管内圧力[K]	
		変化	値	変化	値
基準点～ポンプ吐出					
①	戻り管下端		0.0		4.5
②	還り管上端	+40.0	+40.0=40.0	+0.4	-4.0+0.4=0.9
③	往き管上端		40.0	+1.0	+1.0=1.9
④	往き管下端	-40.0	-40.0=0.0	+0.4	+4.0+0.4=6.3
⑤	熱源機出口		0.0	+0.3	+0.3=6.6
⑥	熱源機入口		0.0	+0.5	+0.5=7.1
⑦	ポンプ吐出		0.0	+0.3	+0.3=7.4
基準点～ポンプ吸込み					
①	基準点		0.0		4.5
⑧	ポンプ吸込み		0.0	-0.5	-0.5=4.0

図3.3　圧力線図の描き方のルール

59

表3.4　圧力線図の描画手順

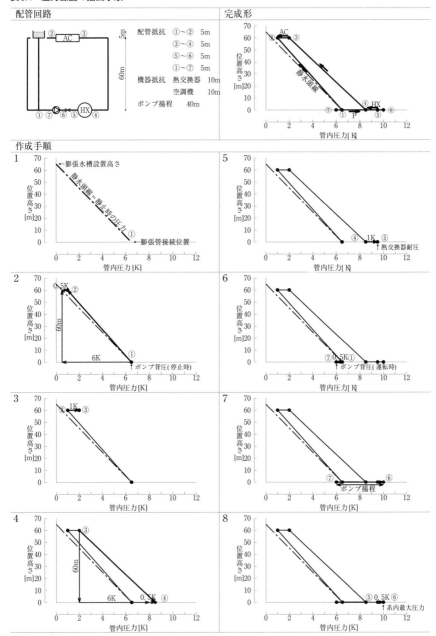

は6.5Kになり、これが停止時のポンプ吸込み側圧力すなわち背圧になる。

(2)　還り管（①→②）

膨張管取出し接続位置①から上流へ作図を進める。空調機入口②の位置高さは60 mで、圧力は静水頭より0.5K高い位置（1.0K）になる。この0.5Kは配管の圧力損失であるが、ここでは横引管の圧力損失も含んでいる。これは、線図を簡潔にするための措置である。

(3)　空調機の抵抗（②→③）

空調機の圧力損失は制御弁の抵抗も見込み1Kであるので、空調機入口圧力③は②より1.0K高い2.0Kになる。

(4)　送り管（③→④）

熱交換器出口④の位置高さは0 m、圧力は③の圧力に位置高さ換算圧力6Kと配管の圧力損失0.5Kを加えた圧力8.5Kになる。空調機の耐圧はこの圧力とすればよい。

(5)　熱交換器（④→⑤）

熱交換器の抵抗は1Kであるので、熱交換器入口圧力⑤は④より1.0K高い9.5Kとなり、これが熱交換器の耐圧である。基準点から上流側への作図はここまでで完了する。

(6)　ポンプ吸込み側（①→⑦）

①からポンプ吸込み⑦までの配管の圧力損失は0.5Kなので、ポンプ吸込み側⑦の圧力は、①より0.5K低い6Kであり、これが運転時の背圧[2]である。膨張管をポンプ直近から取出していれば、①≒⑦として描けばよい。その場合、ポンプの背圧は停止時・運転時とも6.5Kとなる。

(7)　ポンプ吐出し（⑦→⑥）

ポンプ揚程は40 mAqであるので、ポンプ吐出し⑥は⑦より4.0K高い10Kになる。この例では、これが系内の最大圧力である。

(8)　吐出弁（⑥→⑤）

ポンプに要求される必要揚程は⑦→⑤であり、⑥～⑤の抵抗のほとんどは、ポンプの流量調整のための吐出弁の抵抗である。回転数調整で流量調整する場合は、⑥≒⑤とみなせる。

---

[2]　単に背圧というと、運転時背圧をいう。停止時と運転時で背圧が変わるときは、それを明記しておく。

3.4 圧力線図の見方

　圧力線図を用いて様々な値が読み取れる。また、流量変化時の圧力変動を想定することも容易である。ここでは、単純な密閉配管回路を例に差圧一定変流量運転の場合も含んで解説する。

(1) 密閉配管回路(1)：熱交換器入口側にポンプ設置

　密閉配管回路で差圧一定制御の場合の例を図3.4に示す。ポンプは熱交換器の入口側に設置している。この場合、運転時のポンプ吸込み側①～⑧の圧力損失を0とみなせば、ポンプ背圧⑧は停止時・運転時とも9Kであり、揚程が60 mAqであれば吐出側⑦は15Kになる。吐出弁で0.5Kを調整し、熱交換器の入口圧力⑥は14.5Kと読み取れる。これが熱交換器の耐圧になる。供給圧力は13.0Kで、往き管の圧力は定格流量では実線の位置であり、位置高さ27 m以下で10Kを超える。負荷側の流量が減少すると、供給圧力は変わらないので破線の位置に近づくことになり、往き管の耐圧は厳密には破線で決めなければならないが、本例ではその差異は0.5K程度である。また、還り管の圧力は10K以下であるで、ポンプ吐出しから往き配管の高さ30 mまでを16K仕様とすればよい。

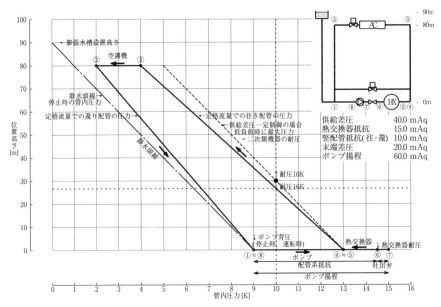

図3.4　密閉配管系での例（ポンプは熱交換器入口側に設置）

(2)　密閉配管回路(2)：熱交換器出口側にポンプ設置

　ポンプを熱源機の出口側に設置した場合が図3.5である。この場合、ポンプの背圧⑥は、停止時は静水頭なので9Kで変わらないが、運転時は7.5Kになる。熱交換器の入口圧力⑧は停止時・運転時とも9Kと読み取れる。系内の最高圧力はポンプ吐出し⑤で13.5Kになるが、往き管・還り管の圧力分布は(1)と変わらないので、ポンプ吐出しから往き管の高さ30mまでを16K仕様とすればよい。

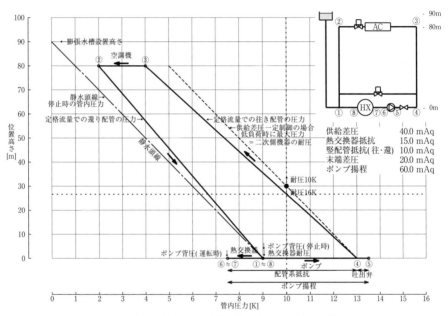

図3.5　密閉配管系での例 (ポンプは熱源器出口側に設置)

(3)　密閉配管回路(3)：戻り管頂部で膨張管取出し

　図3.6は、膨張管を還り管頂部から取出した場合であり、還り管頂部①を基準点とする。この場合、戻り圧力⑧は設計流量時では8Kであるが、流量が減少すると9Kに近づく。ポンプ背圧も停止時は9Kで運転時は8Kであるが、流量が減少すると9Kに近づく。その結果、差圧一定制御を行っていると送り圧力④も上昇する。そこまで考慮すると、熱交換器の耐圧は14.5Kで、ポンプ吐出しから往き管の高さ30mまでが16K仕様となり、図3.4と変わらない。供給圧一定制御では送り圧力④は12Kに保たれるので、差圧は3Kまで下

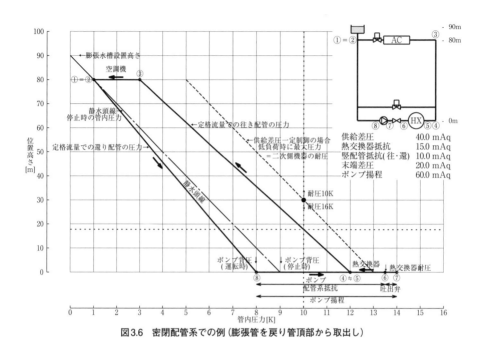

図3.6 密閉配管系での例（膨張管を戻り管頂部から取出し）

がる。供給差圧が小さくなることによる供給流量の不足や、ポンプの揚程が低くなり運転点が過流量側に移動することによるオーバロードに注意しなければならない。

3.5　代表的な熱源システムの圧力線図

本節では現実的な熱源システムを想定した圧力線図を示す。ここでは、ポンプの揚程は未定とする。

(1)　複式ポンプ方式の熱源システム

複式ポンプ方式の圧力線図を、一次側・二次側を合わせて描くと、図3.7のようになる。図3.7(a)では一次ポンプは熱源機の入口側に設置している。第2章で述べたように、戻り一次ヘッダと送り一次ヘッダの圧力を等しくするところが要点であり、その間のバランス管により負荷流量と熱源流量のアンバランスを吸収していることを理解しておかねばならない。したがって、一次ポンプは戻り一次ヘッダから送り一次ヘッダまで、二次ポンプは送り一次ヘッダから戻り一次ヘッダまでの揚程を分担する。戻り二次ヘッダの圧力もほぼ等しく、膨張管は戻り二次ヘッダ・戻り一次ヘッダ・送り一次ヘッダのどこから取り出しても大差はないが、区分の意味合いから戻り一次ヘッダから取出している。ポンプの背圧は一次ポンプ・二次ポンプとも①としてよく、停止時・運転時とも7.5Kである。熱源機入口圧力③は、停止時は7.5K、運転時は9.0Kになる。供給圧力は10Kで往き配管の圧力は定格流量では実線であるが、変流量制御で流量が減少すると破線の位置に近づく。また、還り管の圧力は静水頭線に近づく。さらに最適差圧制御、たとえば末端差圧一定制御を加えると、流量の減少に伴い送り管の圧力は点線の状態に近づき、必要とされる供給差圧は末端差圧にほぼ等しくなる。ポンプバイパス弁の差圧も2.5K～1.0Kの範囲で変動するので、レンジアビリティの選定に注意しなければならない。

図3.7(b)は一次ポンプを熱源機の出口側に設置した場合で、一次ポンプの背圧は、停止時は7.5Kで変わらないが運転時は6.0Kになる。二次ポンプの背圧は停止時・運転時とも7.5Kで変わらない。熱源機入口圧力③は、停止時・運転時とも変わらず7.5Kになり、耐圧は7.5Kで決定することになる。

(2)　単式ポンプ方式熱源設備

単式ポンプ方式では図3.8に示すとおりで、負荷側の形は複式ポンプ方式と同じである。熱源は負荷流量を満足するように運転されるので、必ず熱源流量が負荷流量を上回るか等しくなるところが複式ポンプ方式と異なり、流量のアンバランスはヘッダバイパスで吸収する。膨張管は複式ポンプ方式と同様に戻り一次ヘッダから取出している。図3.8(a)は一次ポンプを熱源機入口側に設置した場合で、熱源機の耐圧は複式ポンプ方式では9.0Kであったが、単式ポンプ方式では熱源機入口圧力⑥11.5Kになる。送り配管の圧力は定格流

(a) 一次ポンプは熱源機入口側に設置

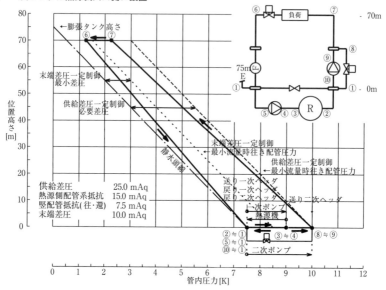

(b) 一次ポンプは熱源機出口側に設置

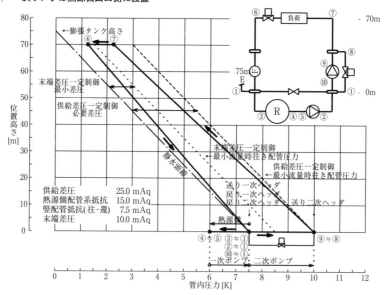

図3.7　複式ポンプ方式の圧力線図

(a)   一次ポンプは熱源機入口側に設置

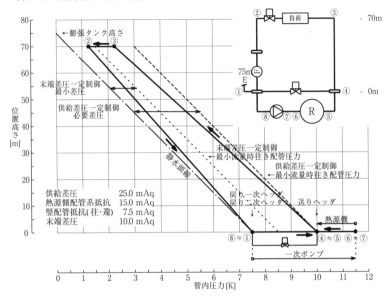

(b)   一次ポンプは熱源機出口側に設置

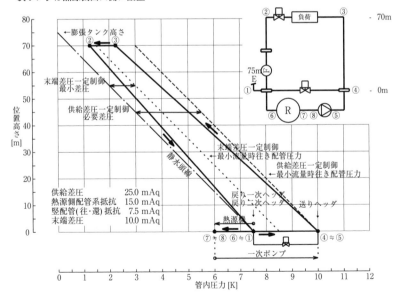

図3.8　単式ポンプ方式の圧力線図

量では実線であるが、差圧一定変流量制御では流量が減少すると破線の位置になるが、この状態ではポンプの揚程は変わらない。一次ポンプ方式での最適差圧制御は、ポンプ回転数を供給差圧も含んで正確に演算せねばならず、並列運転するポンプが相互に干渉するので、意外に難しいが線図上は点線の状態になる。この状態では、ポンプ吐出しは10.0Kで送り圧力は8.5K、供給差圧は1.0Kである。

　図3.8(b)は一次ポンプを熱源機の出口側に設置した場合で、一次ポンプの背圧⑧が運転時に6.0Kになり、複式ポンプ方式の場合と変わらない。

(3)　屋上設置の熱源システム

　屋上設置の熱源システムで複式ポンプ方式の例を図3.9に示す。この場合、配管回路図は時計回りに描いている。供給圧力は送り圧力⑨が2.5K、戻り圧力①が0.5Kなので、差圧は2.0Kである。運転時のポンプ背圧は一次ポンプ・二次ポンプとも①としてよく0.5K、熱源機入口圧力③は1.7Kと読取れる。それに対し、空調機の耐圧は1階設置の空調機入口⑦が最も高く7.0Kになる。供給差圧一定制御だと、流量が減少すると破線に近づき⑦の圧力は7.5Kになって、これが系内最大圧力になる。屋上横引き配管の抵抗が往き管・還り管それぞれ2.5 mAqであれば、厳密に表現すると図3.9(b)のようになるが、管内圧力を読み取る上では大差はない。流量が減少すると、配管抵抗が小さくなるのでほとんど変わらなくなる。

(a)　屋上横引き配管の抵抗は竪管に含む

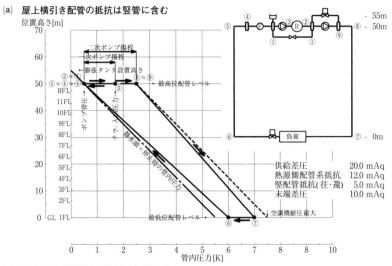

供給差圧　　　　　　　20.0 mAq
熱源側配管系抵抗　　　12.0 mAq
竪配管抵抗(往・還)　　 5.0 mAq
末端差圧　　　　　　　10.0 mAq

(b)　屋上横引き配管の抵抗は屋上で表現

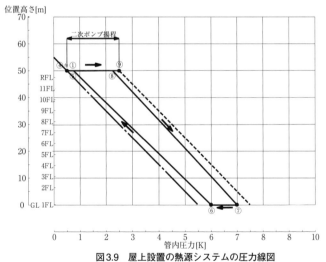

図3.9　屋上設置の熱源システムの圧力線図

69

3.6　密閉式膨張タンクを用いた密閉回路

　本節では密閉式膨張タンクを用いた密閉回路の圧力線図とともに、密閉式膨張タンクの諸元の算定を示す。ここでは、ポンプの揚程は未定とする。

3.6.1　密閉式膨張タンクの動作

　一般の空調設備では、ダイヤフラム式やブラダ式の膨張タンクが用いられる。これらの密閉式膨張タンクの作動原理を図3.10に示す。温度が上昇し保有水が膨張すると密閉式膨張タンクの空気室が縮むことにより膨張量を吸収する。温度が下がるときは空気室が膨らみ収縮した量を補填する。この場合、必要容量は下式で求められる。

$$V_1 = \frac{P_2}{(P_2 - P_1)} \Delta V \qquad\qquad \cdots (3.1)$$

V_1：膨張タンクの必要容量 [m^3]

ΔV：膨張量 [m^3]（加圧室の有効最大容量）

P_1：最低圧力時のタンク内圧力 [kPa (abs)]

　　　（給水弁が開となる圧力を膨張タンクの設置高さに換算した圧力）

P_2：最高圧力時のタンク内圧力 [kPa (abs)]

　　　（逃し弁が開となる圧力を膨張タンクの設置高さに換算した圧力）

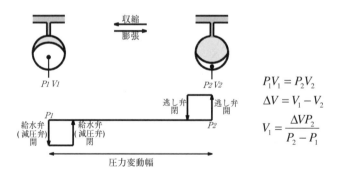

$$P_1 V_1 = P_2 V_2$$
$$\Delta V = V_1 - V_2$$
$$V_1 = \frac{\Delta V P_2}{P_2 - P_1}$$

図3.10　密閉式膨張タンクの作動原理

　密閉式膨張タンクを用いた場合の配管システム例を図3.11に示す。補給水・逃し弁とセットで機能を発揮できることを理解しておかねばならない。最低圧力は、系内で大気圧以下

になる部分がないように設定する。給水圧を確認し、必要であれば減圧弁または加圧給水ポンプを設置する。最高圧力は、機器や配管等の耐圧から決定する。膨張タンク設置位置、逃し弁取付け位置、補給水接続位置は任意であるが、取付け高さにあった圧力に設定する。膨張タンク本体は、圧力変動幅を広くとるほど、また圧力の低い位置に設置するほど小さなタンクですむ。これらのことを正しく計画するには、圧力線図を利用すると分かりやすい。

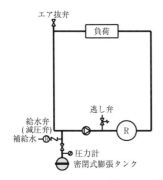

• 逃し管ではないので仕切弁を取り付けることは可
• 補給水はクロスコネクションとならないように、間接給水とするか、認定逆止弁を用いる
• 第2種圧力容器となるときは熔解栓2個取付け
• 本体内にエアがたまらないように設置するかエア抜き弁を取り付ける

図3.11　密閉式膨張タンクを用いた配管回路

3.6.2　圧力線図の例

(1)　密閉式膨脹タンクを用いた配管回路(1)：膨張タンクは最下階に設置

　密閉式膨張タンクを用いた配管回路の圧力線図の例を図3.12に示す。上向き供給で密閉式膨張タンクは最下位のポンプ直近に設置した場合である。最低圧力になるのは還り管上端⑥であり停止時に0.5K以上となるようにし、最高圧力となるのは送り二次ヘッダ⑧であり運転時にも10K以下となるようにしている。そのように最低圧力・最高圧力を決定すると、密閉式膨張タンクの圧力変動は6.5 ～ 9.0K（abs）になるので、必要容量は

$$\frac{9.0}{9.0 - 6.5} \, \Delta V = 3.6\Delta V$$

補給水圧（給水弁が開になる圧力）は5.5K（G）、逃し弁の設定圧力は10.0K（G）と読み取れる。給水設備としての給水圧は、減圧弁のオフセットを1.0K見込むと6.5K必要である。

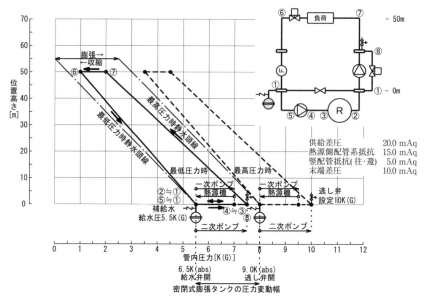

図3.12　密閉式膨張タンクを用いた配管回路(1)：膨張タンクは最下階に設置

(2)　密閉式膨脹タンクを用いた配管回路(2)：膨張タンクは最上階に設置

　図3.13は配管回路としては(1)と同じであるが、密閉式膨張タンクを最高位に設置した場合であり図3.12と比べると50 m設置位置が高い。この場合の圧力変動は1.5〜4.0K（abs）になるので必要容量は

$$\frac{4.0}{4.0-1.5}\Delta V=1.6\Delta V$$

となる。補給水圧は0.5K（G）、逃し弁の取付け位置は図3.12と変えていない。

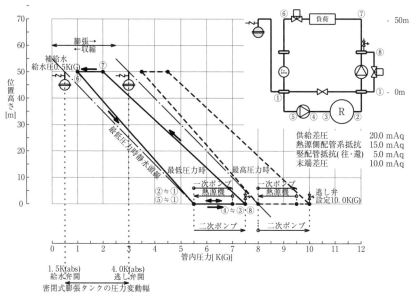

図3.13　密閉式膨張タンクを用いた配管回路(2)：膨張タンクは最上階に設置

(3)　密閉式膨脹タンクを用いた配管回路(3)：屋上設置熱源

　屋上に設置した単式ポンプ方式のケースである。圧力線図は図3.14のとおりで、最下位の配管レベルを位置高さ0としている。膨張タンクは戻り一次ヘッダに接続しており、最低圧力時に系内最低圧力を0.5K（G）とするためには、密閉式膨張タンクの加圧力も0.5K（G）になる。そのときの供給圧力は2.5K（G）である。また、系内圧力が最高となるのは最下位の配管で定格流量では7.0K（G）であるが、差圧一定変流量制御で流量が減少すると7.5K（G）に近づく。最高圧力時に流量が減少した場合にも10K（G）を超えないためには、圧力変動幅は2.5Kとしなければならない。したがって、最高圧力時の供給圧力は5.0K（G）、膨張タンクの加圧力は3.0K（G）になる。密閉式膨張タンクの圧力変動幅は1.5 〜 4.0K（abs）となるので、その容量は

$$\frac{4.0}{4.0 - 1.5}\Delta V = 1.6\Delta V$$

これは(2)と変わらない。また、補給水圧力は0.5K（G）、逃し弁設定圧は6.5K（G）と読み取れる。

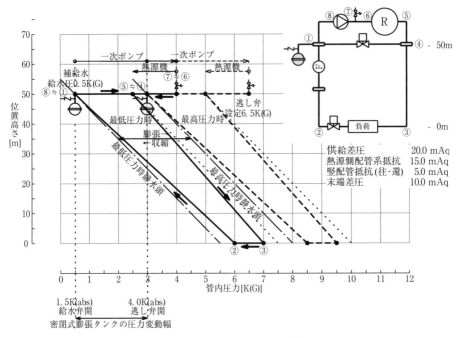

図3.14　密閉式膨張タンクを用いた配管回路 (3)：屋上設置熱源

参考文献

[1]　上村泰："初心者のための圧力線図の描き方①②", 建築設備と配管工事2016.1, 2016.2

[2]　空気調和・衛生工学会：空気調和設備計画設計実務の知識(改訂3版), オーム社(2010)

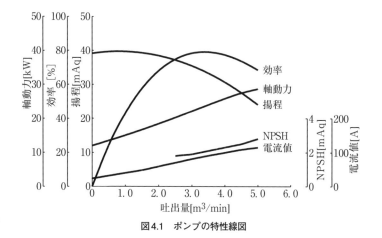

第**4**章　　**ポンプの特性と運転**

　本章では、ポンプの性能の表し方を示し、運転点を求める方法を、可変速運転の場合も含んで解説する。

4.1　ポンプの性能

4.1.1　ポンプの特性と性能変化

⑴　ポンプの特性線図

　空調設備で用いられるポンプは、流量の使用範囲が広く比較的高効率であることから、ほとんどの場合に渦巻きポンプ[1] が選択される。特性線図はポンプの性能を表すもので、定格回転数におけるポンプの特性を表現している。一般的に図4.1のように横軸に吐出量（capacity）[2] をとり、全揚程（total head）・軸動力（shaft

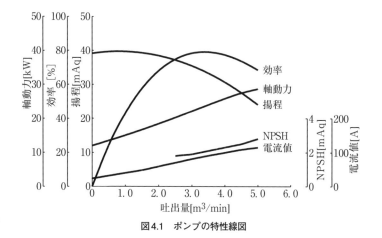

図4.1　ポンプの特性線図

1)　JISでは単段の遠心ポンプを渦巻きポンプとしている。
2)　JISでは吐出し量と表記する。

power)・効率（efficiency）等を表現している。電流値（current）や回転速度（revolution）、後述する有効吸込みヘッドが表現されていることもある。汎用ポンプでは代表性能線図として、性能試験を行ったときは試験成績表として提示される。

① 揚程[3]

吐出量と全揚程（特に区別する必要の無いときは揚程と表記する）の関係を示した曲線で、一般的に右下がりの曲線となり、留意しなければならないほどのサージング域はない。吐出量が0のときの揚程を締切り揚程という。空調設備で選定されるポンプは揚程が低く変化はなだらかで、揚程の変化に対し吐出量の変化が大きい。

② 効率

吐出量と効率の関係を示す曲線で、山形の曲線になり最大値を示す点を最高効率点という。この最高効率点の吐出量がポンプの基準水量となる。メーカーの選定図を用いれば、効率の良い範囲で選定できる。

③ 軸動力

吐出量と軸動力の関係を示す曲線で、一般的に右上がりの曲線になる。軸動力がある値を超えないで飽和するような特性をリミットロード特性といい、計画水量を超えて運転してもオーバロードの心配がない。吐出量0では効率も0になり、軸動力はほとんどがポンプ内部で熱になる。これが締切り運転を避けなければならない理由である。

④ 電流値

吐出量と電流値の関係を表す曲線で、軸動力と同様な傾向を示す。一般的に電力は電流値で計測されているので、計測値から特性線図上で運転点を求めることができる。

⑤ 回転速度

50 Hzの場合同期回転数は4極では1,500rpm、2極では3,000rpmとなるが、すべりがあるので実回転数は数％下がる。

⑥ 有効NPSH

吐出量と、キャビテーションを起こさないために必要な有効吸込みヘッドの関係を示す曲線である。右上がりであるということは、吐出量が大きくなるとキャビテー

---

3) HQ曲線とも呼ばれる。

ションを起こしやすくなるということである。

(2)　ポンプ選定上の注意点

①　電動機

標準的にトップランナー基準の電動機が採用されている。本書でも、ポンプの仕様としてはトップランナー基準の電動機を用いている。電動機容量は軸動力に対し10%程度余裕を見込んで選定する。通常は4極の電動機が、高揚程の場合は2極の電動機が選定される。

②　軸封形式

軸封装置はグランドパッキンかメカニカルシールを用いるが、押込み圧力が高い場合やリーク量[4] を少なくしたい場合などは、メカニカルシールが選択される。特に密閉回路では、腐食防止のためにもメカニカルシールとすることが標準的になっている。冷却水配管系では、水中の浮遊物がシールを傷めることがあるので、メカニカルシールとする場合はその形式に注意する。

③　押込み圧力（背圧）

ポンプの耐圧は押込み圧力で表示される。圧力線図により運転時の押込み圧力をチェックするようにする。配管回路により、停止時と運転時で変わることがあるが、表記するときはそれぞれ明記する。

④　吸込み揚程

一般的にポンプの必要NPSHは2～4 m程度であり、有効NPSHがこれを下回らないようにする。同一仕様でも、大口径、低回転数、多段のほうが必要NPSHは小さい傾向がある。

⑤　液温

一般のポンプでは水温は80～100 ℃が限界であり、それを越えると軸受けや軸封部が水冷構造になる。

⑥　比重

比重が1以外の流体を取扱う場合は、ポンプの吐出し圧力および軸動力が変わる。

⑦　粘度

高粘度の流体を扱う場合は、全揚程・吐出し量が減少し軸動力は増加する。

---

4)　リーク量はグランドパッキンで20 ml/min、メカニカルシールで0.15 ml/h程度。

(3) ポンプの揚程

ポンプに要求される揚程は配管系の全抵抗であり、実際に水をくみ上げる高さに相当する圧力（実揚程）・配管系の抵抗（損失水頭）・吐出し圧力（速度水頭）を合計したものである。揚程は、慣用的に水頭で表示される。

$$H = H_h + H_f + H_u \qquad \cdots (4.1)$$

ここに H ：全揚程 [mAq]

H_h ：実揚程 [mAq]

H_f ：損失水頭 [mAq] $= P_f$

H_u ：速度水頭 [mAq] $= u^2/2g$

u ：流速 [m/s]

g ：重力加速度 [m/sec^2] $= 9.8$ m/sec^2

空調設備配管のような循環系では速度水頭は存在せず、開放式冷却塔でもほぼ0で無視して良い。本書で用いる実揚程は流量に関係しない抵抗を意味し、厳密に一定ということではないが、配管系の全区間に渡って流量変化が等しく実揚程も一定と見なすことができれば、配管系の抵抗は $y = ax^2 + c$ の形式で表すことができる。水頭と圧力の換算は下式による。

$$P = \frac{\rho g H}{1000}$$

ここに P ：圧力 [kPa]

ρ ：水の密度 [kg/m^3] $= 1{,}000$ kg/m^3

したがって、常温では $P \fallingdotseq 9.8H$ kPa となる。

(4) ポンプの所要動力

ポンプを運転するのに必要な動力は、吐出量・全揚程・流体の密度により求められる。ポンプから実際に流体に与えられる動力を水動力、ポンプを動かすのに必要な動力を軸動力という。ポンプ効率は水動力と軸動力の比で表される。一般の渦巻きポンプは電動機が直結であるので伝達損失は0と見てよく、電動機出力は軸動力と等しい。電動機出力を電動機効率で除したものが電動機入力（消費電力）となる。インバータを用いるときは、さらに3〜5%をロスとして見込む。

$$L_w = \frac{\rho g (Q/60) H}{1000} \qquad \cdots (4.2)$$

$$L_p = \frac{L_w}{\eta_p}$$

$$W_m = \frac{L_p}{\eta_m}$$

$$I = \frac{W_m}{\sqrt{3} V \cos\theta} \times 1000$$

ここに　Q：吐出量・水量 $[\mathrm{m^3/min}]$

$\qquad L_w$：水動力 $[\mathrm{kW}]$

$\qquad L_p$：軸動力 $[\mathrm{kW}]$

$\qquad W_m$：電動機入力 $[\mathrm{kW}]$

$\qquad \eta_p$：ポンプ効率 $[-]$

$\qquad \eta_m$：電動機効率 $[-]$

$\qquad I$：電流 $[\mathrm{A}]$

$\qquad V$：電圧 $[\mathrm{V}]$

$\qquad \cos\theta$：力率 $[-]$

(5)　有効吸込みヘッド

　ポンプの吸込み圧力がキャビテーションに対して安全かを判断するのに、正味吸込みヘッド（NPSH, net positive suction head）[5] が用いられる。NPSHには配管系により定まる有効NPSH（available NPSH）[6] と、ポンプにより決まる必要NPSH（required NPSH）[7] がある。

　有効NPSHはポンプの吸込み側における全圧が、その水温に相当する蒸気圧よりどれだけ高いかを示すものである。

$$H_{sv} = H_a - H_{vp} - H_s \qquad \cdots (4.3)$$

ここに　H_{sv}：有効NPSH $[\mathrm{mAq}]$

$\qquad H_a$：水面にかかる圧力 $[\mathrm{mAq}]$（大気圧では $101.3\ \mathrm{kPa} = 10.33\ \mathrm{mAq}$）

5）　SI単位では有効吸込み比エネルギー（NPSEA）が使われる。単位はJ/kg。

6）　JISではNPSHAと表記する。

7）　JISではNPSHRと表記する。

H_{vp}：流体のその温度における飽和蒸気圧［mAq］

H_s：ポンプの吸込み全揚程［mAq］，$H_s = -H_h + H_f$

H_h：吸込み実揚程（吸上げの時－）［mAq］

H_f：吸込み側配管損失圧力［mAq］

表4.1に飽和蒸気圧を、図4.2に圧力の関係を示す。

　原理的にはキャビテーションの防止のためには有効NPSH＞必要NPSHであることが必要であり、通常、30%程度余裕を見込んでいる。必要NPSH毎に温度と吸込み全揚程H_sを計算したものを図4.3に示す。必要NPSH＝4 mのポンプで50℃の温水を汲上げる場合、許容される吸込み全揚程H_sは－5 mであり、30%の余裕を見込むと－3.5 mAqとなる。87℃になると値が＋になるので、押込みにしなければならない。

表4.1　飽和蒸気圧［kPa］

温度℃	0	1	2	3	4	5	6	7	8	9
0	0.6	0.7	0.7	0.8	0.8	0.9	0.9	1.0	1.1	1.1
10	1.2	1.3	1.4	1.5	1.6	1.7	1.8	1.9	2.1	2.2
20	2.3	2.5	2.6	2.8	3.0	3.2	3.4	3.6	3.8	4.0
30	4.2	4.5	4.8	5.0	5.3	5.6	5.9	6.3	6.6	7.0
40	7.4	7.8	8.2	8.7	9.1	9.6	10.1	10.6	11.2	11.8
50	12.4	13.0	13.6	14.3	15.0	15.8	16.5	17.3	18.2	19.0
60	19.9	20.9	21.9	22.9	23.9	25.0	26.2	27.4	28.6	29.9
70	31.2	32.6	34.0	35.5	37.0	38.6	40.2	41.9	43.7	45.5
80	47.4	49.4	51.4	53.5	55.6	57.9	60.2	62.6	65.0	67.6
90	70.2	72.9	75.7	78.6	81.5	84.6	87.8	91.0	94.4	97.9

(6)　ポンプの性能変化

　変流量運転のために、ポンプの特性を変化させるには様々な手法があるが、空調設備では回転速度を変える方法が最も適している。回転速度を変えると吐出量は回転速度の変化に比例し、揚程は回転速度の変化の二乗に比例して性能が変化する。したがって水動力は回転速度の変化の三乗に比例して変化する。

$$\frac{Q_2}{Q_1} = \frac{N_2}{N_1}$$

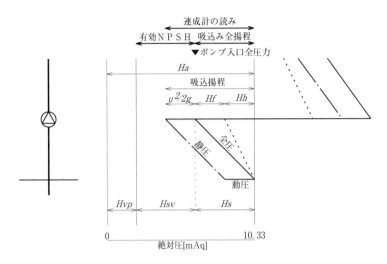

図4.2　有効NPSHの図

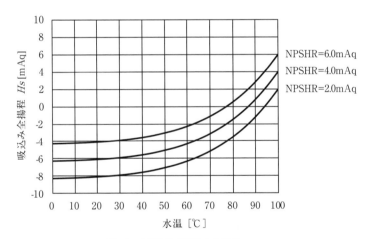

図4.3　水温と許容吸込み全揚程

$$\frac{H_2}{H_1} = \left(\frac{N_2}{N_1}\right)^2$$

$$\frac{L_{w2}}{L_{w1}} = \left(\frac{N_2}{N_1}\right)^3$$

ここに N_1, N_2：変化前・後の回転速度

Q_1, Q_2：変化前・後の吐出し量

H_1, H_2：変化前・後の揚程

L_{w1}, L_{w2}：変化前・後の水動力

流量の変化が$Q_1 \rightarrow Q_2$、で、揚程は変化しないときの水動力の変化は、流量の変化に比例する。

$$\frac{L_{w2}}{L_{w1}} = \frac{Q_2}{Q_1}$$

ポンプ効率が変らないとすれば軸動力も同様に変化する。吐出量が変化すると同時に、揚程を$H_1 \rightarrow H_2$に変化したとすると水動力の変化は

$$\frac{L_{w2}}{L_{w1}} = \frac{Q_2 H_2}{Q_1 H_1}$$

配管系の抵抗が$y = ax^2$の形で変化する場合は$H_2/H_1 = (Q_2/Q_1)^2$であるので水動力は吐出量の三乗で変化する。

$$\frac{L_{w2}}{L_{w1}} = \left(\frac{Q_2}{Q_1}\right)^3$$

4.1.2　ポンプ性能の数式化

(1)　定格性能

　ポンプの運転状態を求めるには、ポンプの特性を数式で表しておくと便利である。揚程・効率は特性線図から5点程度読取り近似式を求める。締切り状態と最大吐出量の状態の値は必ず読取る。吐出量・揚程・効率が計算できれば水動力が算定でき、電動機効率を通常の運転範囲では一定と考えれば電動機入力を算定することができる。さらに、力率も変わらないとすると電流値も算定することができる。

　揚程は吐出量の関数として二次式で精度よく近似できるので、揚程曲線は次式で表す。

$$H = a_p Q^2 + b_p Q + c_p \qquad \cdots (4.4)$$

配管抵抗も二次式で表すことができるので、ポンプ揚程を二次式にしておけば簡単に交点、すなわち運転点が求まる。ポンプ効率は二次式では精度が良くないので三次式で近似する。効率曲線は原点を通る式として、

$$\eta_p = a_e Q^3 + b_e Q^2 + c_e Q \qquad \cdots (4.5)$$

と表すことにする。

(2) 回転数変化

回転数を定格比で1.0からmに変化させたときの揚程曲線は、式(4.4)で$Q \to Q/m$、$H \to H/m^2$と置き換えればよい。

$$H_{-m} = a_p Q^2 + b_p mQ + c_p m^2 \qquad \cdots (4.6)$$

回転数毎の最大吐出量$Qmax_{-m}$は、$m=1.0$での吐出量を$Qmax_{-1}$として

$$Qmax_{-m} = Qmax_{-1} m$$

として求められる。そのときの揚程$Hmax$は、流量$Qmax_{-1}$での揚程をH_{-1}として、下式で表される。

$$Hmax = H_{-1} m^2 = \frac{H_{-1}}{Qmax_{-1}^2} Q^2$$

図4.4(a)に回転数を変えた場合の揚程曲線の変化を示している。運転可能範囲は、最高回転数での揚程曲線(H_{-1})、最低回転数での揚程曲線(H_{-min})および最大吐出量での揚程($Qmax$)で囲まれた範囲となる。最大吐出量を超えた範囲は、性能の想定ができないので、運転状態は確定できない。

ポンプの最高効率は、回転速度が下がると若干低下するがそれを無視すれば、図4.4(b)のように最大流量との流量比の関数として数式化することができる。回転数を定格比で1.0からmに変化させたときの効率式は、式(4.5)で$Q \to Q/m$と置き換えればよい。回転速度変化に伴う最高効率の低下がわかれば、その率で補正すればより正確な値が得られる。

$$\eta_{p-m} = \frac{a_e}{m^3} Q^3 + \frac{b_e}{m^2} Q^2 + \frac{c_e}{m} Q \qquad \cdots (4.7)$$

このように整理すると、図4.4(a)と図4.4(b)を比較すると分かるように、運転点が$y=ax^2$の形で変化するときは、回転数が変化しても効率は変化しない。流量のみ変化させる場合や、揚程のみ変化させる場合には効率の変化に留意する必要がある。効率のよい範囲で運転できるのは、回転数にかかわらず、その回転数での最大吐出量に対し、50～100%程度が目安である。

(a) 揚程曲線の変化

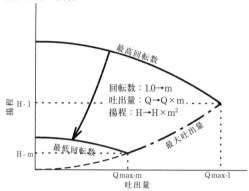

(b) 効率曲線の変化

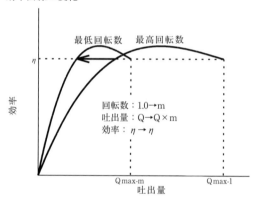

図4.4　回転数を変えた場合の性能変化

4.2　ポンプの運転

4.2.1　ポンプの運転点

　ポンプの運転点は、ポンプの揚程曲線と配管系の抵抗曲線の交点として定まる。配管系の抵抗は流量の二次曲線としてよいので、計画値を通る抵抗曲線は次式で表される。

$$P = a_s Q^2 + c_s \qquad \cdots (4.8)$$

$$a_s = \frac{p_f}{q^2}$$

$$c_s = p_h$$

　ここに　P　：配管系の抵抗 [mAq]

　　　　　q　：計画流量 [m³/min]

　　　　　p_f　：計画流量での配管の圧力損失 [mAq]

　　　　　p_h　：実揚程 [mAq]

この状態で運転したポンプの吐出量は $H=P$ より式 (4.4) =式 (4.8) として、下式を Q について解けばよい。

$$a_p Q^2 + b_p Q + c_p = a_s Q^2 + c_s \qquad \cdots (4.9)$$

吐出量が求まれば、揚程・効率も算定できる。

4.2.2　ポンプの流量調整

(1)　ポンプの流量調整の方法

　ポンプの選定に際しては通常、設計計算で求まった仕様を上回るポンプを選定することになるので、設計流量で運転するためには吐出量を調整する必要がある。吐出量を調整する方法には

　①　弁により抵抗を加え調整する

　②　インバータ等によりポンプの回転数を調整する

　③　羽根車を削って調整、または羽根車を交換する

等の方法があるが、運転調整の範囲で行えるのは①と②になる。適切な流量調整を行わず、過剰な吐出量のまま運転することは、場合によっては大きいエネルギーロスになり、騒音・振動のトラブルの原因にもなる。

(2) 弁による調整

　図4.5において、設計計算で求まった設計点①（q_1,h_1）に対しaの特性のポンプを選定したとすると、流量調整前の運転点は①を通る抵抗曲線イとaの交点の②（q_2,h_2）となる。弁により調整する場合は、吐出弁を絞り抵抗曲線をロの状態に変えることにより運転点③（q_1,h_3）で運転できる。流量調整後の抵抗曲線ロはイと流量調整弁の抵抗曲線ハの直列合成として定まる。水動力はポンプ特性に従い低下する。

　計画流量で運転するために調整すべき圧力差Δpは流量q_1において、

$$\Delta p = h_3 - h_1$$

流量調整弁の抵抗式は

$$P_v = a_v Q^2 \qquad \cdots (4.10)$$

　　ここにP_v：流量調整弁の抵抗［mAq］

$$a_v = \Delta p / q_1^2$$

流量調整弁の抵抗を加えた配管系の抵抗曲線は式（4.8）と式（4.10）を合成し

$$P' = (a_s + a_v) Q^2 + c_s$$

と表される。

　ポンプの揚程式（4.4）と流量調整弁の抵抗式（4.10）を合成し、仮想の揚程曲線を求めることも可能で、

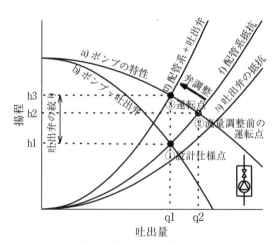

図4.5　弁によるポンプの水量調整

$$H' = (a_p - a_v) Q^2 + b_p Q + c_p \qquad \cdots (4.4')$$

と表される。流量調整弁の抵抗によっては、仮想の揚程曲線の変化が急になり、揚程の変化に対する吐出量の変化が少なくなる。機器組込のポンプでは機内抵抗は同様に考えることができる。また、並列運転ポンプの個別配管部分の抵抗も同様に考えた方が取扱いやすい。回転数を変化させた場合の揚程式も式(4.6)と同様に表される。

$$H'_{-m} = (a_p - a_v) Q^2 + b_p m Q + c_p m^2 \qquad \cdots (4.6')$$

合成する配管抵抗に実揚程を含まなければ、合成してから回転数を変化させても、回転数を変化させてから合成しても同じ式が得られる。

(3) 回転数による調整

回転数を調整する場合は図4.6において、揚程曲線aを設計点①(q_1, h_1)を通る位置bまで変化させることにより①で運転できる。この場合、弁で調整する場合に比べ水動力をh_1/h_3に低減できる。計画水量q_1 m³/minで運転するための回転数は、吐出量$Q = q_1$ m³/min、配管の圧力損失は$P = p_f + p_h$ mAqと設計計算により求まるので、式(4.6)より下式をmについて解けばよい。

$$c_p m^2 + b_p q_1 m + a_p q_1{}^2 = (p_f + p_h)$$

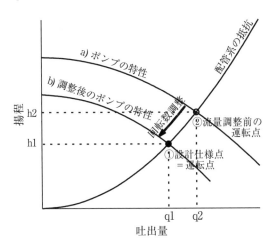

図4.6 回転数によるポンプの水量調整

4.2.3 ポンプの変流量運転

(1) 変流量運転の方式

　空調設備では負荷熱量は常に変動しており、供給流量は負荷要求に合わせた運転が求められる。ポンプ単体の運転方法は、表4.2にまとめるような方法が考えられる。ポンプ吐出量の列は負荷流量と吐出量の関係を示し、ポンプ揚程の列は吐出量と揚程の関係を示し、ポンプ動力の列には吐出量と水動力の関係を示している。ポンプの種類は(a)(b)(c)は定速ポンプ、(d)(e)(f)は可変速ポンプになる。(a)は定流量方式であるが参考に記載した。吐出量・揚程とも一定であるので、水動力も一定である。(b)は変流量方式であるがポンプの制御を行わないので、吐出量は負荷流量に等しく、揚程と水動力はポンプの特性に従って変化する。極端な小流量の運転は、サージング・効率低下・締切り運転の危険性がある。(c)は差圧一定バイパス制御で、吐出量は一定で余剰流量はバイパスし、揚程は一定で制御されるので運転点は設計点と変わらない。したがって水動力も変化しない。(d)は差圧一定変流量制御で、吐出量は負荷流量に等しく変化し、最小回転数以下になれば余剰流量はバイパスする。揚程は設計値から変わらないので、水動力は吐出量に比例して減少する。(e)は最適差圧変流量制御である。配管回路図は末端差圧一定制御としている。吐出量の変化は(d)と同じであるが、揚程は想定される配管抵抗に合わせて変化させている。配管抵抗の想定によるが、動力は理論値に近い値で減少する。(f)個別ポンプ方式は負荷側に分散ポンプを設置する方式で、制御弁を用いず負荷からのフィードバックで直接ポンプの回転数を制御するので、ほぼ理論値で水動力は低下する。ただし、小型のポンプは効率が悪いことに留意しなければならない。

　最も基本的な制御は差圧一定バイパス制御であるが、省エネルギーのためには変流量制御とすべきで、さらなる省エネのために最適差圧制御の採用が標準になってきている。

(2) 変流量制御の方式

　ここでは、差圧一定バイパス制御・差圧一定変流量制御・最適差圧変流量制御について解説する。

　バイパス制御により変流量運転を行う場合は、図4.7のようになる。配管回路の抵抗を負荷側回路の抵抗とバイパス弁の抵抗の並列抵抗とみるとわかりやすい。

　1)　設計状態では①（q_1, h_1）で運転している。この状態では負荷側回路の抵抗曲

表4.2　ポンプの代表的な変流量運転方式

	配管回路	ポンプ吐出量	ポンプ揚程	ポンプ動力
(a) 定流量	負荷／HX	ポンプ吐出量 ↑ ／→負荷流量	ポンプ揚程 ↑ ／→ポンプ吐出量	動力 ↑ ／→ポンプ吐出量
(b) 変流量制御無し	負荷／HX	ポンプ吐出量 ↑ ／→負荷流量	ポンプ揚程 ↑ ／→ポンプ吐出量	動力 ↑ ／→ポンプ吐出量
(c) 差圧一定バイパス制御	負荷／HX	ポンプ吐出量 ↑ ／→負荷流量	ポンプ揚程 ↑ ／→ポンプ吐出量	動力 ↑ ／→ポンプ吐出量
(d) 差圧一定変流量制御	負荷／HX	ポンプ吐出量 ↑ バイパス ／→負荷流量	ポンプ揚程 ↑ ／→ポンプ吐出量	動力 ↑ ／→ポンプ吐出量
(e) 最適差圧変流量制御	負荷／HX	ポンプ吐出量 ↑ バイパス ／→負荷流量	ポンプ揚程 ↑ ／→ポンプ吐出量	動力 ↑ ／→ポンプ吐出量
(f) 個別ポンプ方式	負荷／HX	ポンプ吐出量 ↑ バイパスまたはON/OFF ／→負荷流量	ポンプ揚程 ↑ ／→ポンプ吐出量	動力 ↑ ／→ポンプ吐出量

89

線はイであり、バイパス弁は全閉でバイパス配管の抵抗曲線は縦軸と重なっている。

2) 負荷側流量が絞られてくると負荷側回路の抵抗曲線はロとなり、運転点は②に移る。

3) 供給差圧が設定値になるようにバイパス弁が開く。その抵抗曲線はハであり、ロとハの合成抵抗はイに重なり①で運転できる。

この場合の運転点は (q_1, h_1) で、負荷側流量は q_2、バイパスに流れる流量は $q_3 = q_1 - q_2$ である。

回転数制御で差圧一定変流量制御を行う場合は図4.8に示すように、供給差圧は設定値を確保しつつ流量が変化するので、運転点は①(q_1, h_1) から②(q_2, h_1) に移る。この場合の水動力は、バイパス制御に比べ q_2/q_1 となる。

最適差圧制御の例として推定末端差圧制御では、流量と必要揚程の関係を図4.9のロに示すようにあらかじめ想定しておき、負荷流量に合わせ②(q_2, h_2) を通る位置まで回転数を下げる。この場合の水動力はバイパス制御に比べ $q_2 h_2/q_1 h_1$ となる。末端差圧一定制御や制御弁開度情報利用制御でも、運転点の検討には同様に想定せざるを得ない。

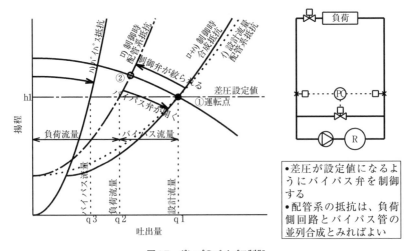

図4.7 ポンプのバイパス制御

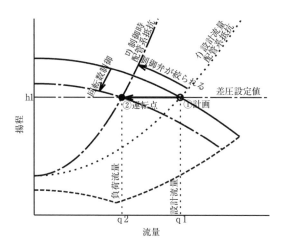

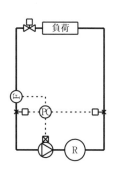

・差圧が設定値になるように回転数を制御する
・設定値は一定

図4.8　ポンプの差圧一定変流量制御

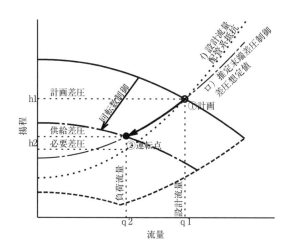

・負荷流量から必要差圧を演算し,差圧設定値を変更する。
・差圧が設定値になるように回転数を制御する

図4.9　ポンプの推定末端差圧制御

4.2.4 ポンプの連合運転

(1) 並列運転

　特性aのポンプを2台並列運転した場合の合成特性曲線は図4.10に示すように流量方向に2台分加算した特性bとなる。この場合の系としての運転点は①、ポンプ単機の運転点は②である。また、この配管系でポンプ1台を単機で運転した場合の運転点は③となる。このとき、並列運転時に比べ軸動力が増加し、オーバロードの危険性があることに注意する。複数台を並列運転する場合も同様に考えることができる。同一特性のポンプを n 台並列運転したときの揚程式は、式（4.4）で Q を Q/n に置換えて

$$H_n = \frac{a_p}{n^2}Q^2 + \frac{b_p}{n}Q + c_p \quad\quad\cdots (4.11)$$

と表される。全台数の回転数を m としたときの揚程式は

$$H_{n-m} = \frac{a_p}{n^2}Q^2 + \frac{b_p m}{n}Q + c_p m^2 \quad\quad\cdots (4.12)$$

となる。

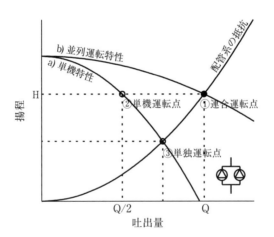

図4.10　ポンプの並列運転

　異容量のポンプの並列運転の合成は、図4.11(a)のようになり合成した式を求める
のは難しいので、何点か計算して求める。締め切り揚程がほぼ同じとみなせれば、
式(4.11)の台数に代えて、同じ揚程となる吐出量の比を用いれば合成した揚程式を
簡易的に得られる。たとえば図4.11(b)で、P-2のP-1に対する吐出量の比が0.6であ
れば、式(4.11)にP-1の揚程式をあてはめn=1.6とすればよい。

(a)　締切り揚程が異なる

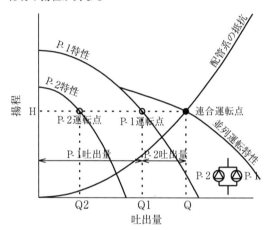

(b)　締切り揚程が同じ

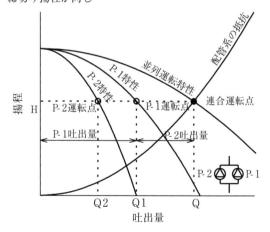

図4.11　異容量ポンプの並列運転

(2)　直列運転

　特性aのポンプを2台直列運転した場合の合成特性曲線は図4.12に示すように揚程方向に2台分加算した特性bとなる。この場合の系としての運転点は①、ポンプの運転点は②である。また、この配管系においてポンプ単機で運転した場合の運転点は③となる。等容量のポンプn台を直列運転した揚程式は、単機の揚程式を単純にn倍すれば良い。

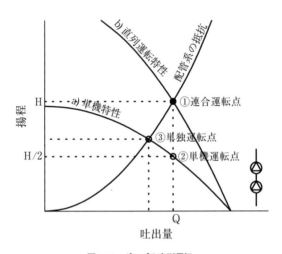

図4.12　ポンプの直列運転

4.3　単独運転ポンプの運転計画

4.3.1 ポンプの選定例

(1)　ポンプの選定

下記の設計値に対し、表4.3の仕様のポンプを選定する。

吐出量：2,000 L/min

揚程：28 mAq

配管回路は密閉回路で実揚程は0 mAqとする。

特性は図4.13に示すとおりで、揚程式は、吐出量 Q を m³/min、揚程 H を mAq で表して

$$H = -0.826Q^2 + 0.0235Q + 35.5 \qquad \cdots (4.13)$$

効率式は、効率 η_p を％で表して

$$\eta_p = 2.39Q^3 - 24.7Q^2 + 78.7Q \qquad \cdots (4.14)$$

設計流量での揚程は32.2 mAq、効率は77.8％でほぼ最高効率での選定となっている。

配管系の抵抗式は、

$$P = 7.0Q^2 \qquad \cdots (4.15)$$

で表される。

流量調整前の運転点は、$H=P$ とすればよいので、式(4.13)＝式(4.15)より

$$-0.826Q^2 + 0.0235Q + 35.5 = 7.0Q^2$$

Q について解いて吐出量は2,130 L/minと求まり、式(4.13)より揚程は31.8 mAqと、式(4.14)より効率は78.8％と求まる。

表4.3　ポンプの性能表

吐出量	L/min	0	1,500	2,000	3,150	3,500
全揚程	mAq	35.5	33.5	32.3	27.5	25.3
ポンプ効率	％	0.0	71.1	77.1	78.2	75.1
電動機効率	％	90.5	93.1	93.4	93.4	93.3
電動機出力	kW	6.38	11.53	13.67	18.09	19.24
電動機入力	kW	7.04	12.37	14.62	19.36	20.61
電流(200V)	A	42.60	53.11	58.48	70.82	74.25

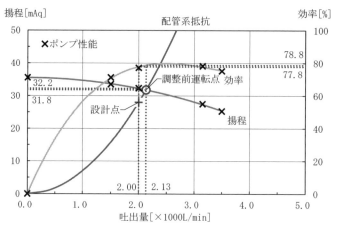

図4.13　選定ポンプの特性

(2)　回転数変化

　回転数mを定格値に対する比率で表して、回転数がmのときの揚程と効率は下式で示される。

$$H_{-m} = -0.826Q^2 + 0.0235mQ + 35.5m^2 \qquad \cdots (4.16)$$

$$\eta_{p-m} = \frac{2.39}{m^3}Q^3 - \frac{24.7}{m^2}Q^2 + \frac{78.7}{m}Q \qquad \cdots (4.17)$$

揚程と効率が求まれば軸動力$L_{p\text{-}m}$[kW]を計算できる。

$$L_{p-m} = \frac{\rho g(Q/60)H_{-m}}{1000\left(\eta_{p-m}/100\right)}$$

WTF（water transport factor）は、搬送動力に電動機入力を用いて

$$WTF = \frac{(Q/60)\rho \Delta T C_p}{L_{p-m}/\eta_m}$$

　ここに ΔT：温度差[℃]

　　　　C_p：比熱[kJ/kg・K]＝4.19 kJ/kg・K

回転数100〜40%として計算した揚程・効率・軸動力・WTFを図4.14(a)〜(d)に示す。WTFはΔT=5.0 ℃、η_m=0.94として求めた。

(a) 揚程の変化
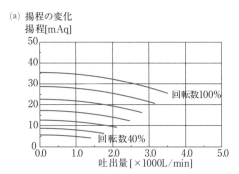

(b) 効率の変化
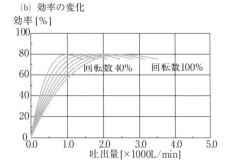

(c) 軸動力の変化
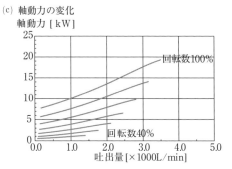

(d) WTFの変化
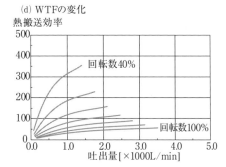

図4.14　回転数を100〜40%と変化させたときの性能変化

(3)　流量調整

弁調整で流量調整を行おうとすると、設計流量での揚程が32.2 mAqであるので、設計揚程28.0 mAqとするには4.2 mAqの抵抗を付加する必要がある。抵抗式としては

$$P_v = 1.05Q^2 \qquad \cdots (4.18)$$

であり、配管系に流量調整弁を加えた抵抗式は、式(4.15) + 式(4.18) として、

$$P' = 8.05Q^2 \qquad \cdots (4.15')$$

となる。弁で流量調整した状態を図4.15(a)に示す。効率は式(4.14) より77.8%と求まる。ポンプの揚程と流量調整弁の抵抗を合成した仮想揚程は、式(4.13) − 式(4.18) であり、

$$H' = -1.88Q^2 + 0.0235Q + 35.5 \qquad \cdots (4.13')$$

となる。式(4.13') = 式(4.15) としても運転点が求まる。

　回転数により流量調整を行う場合の回転数は、設計揚程が28.0mAqであるので、下式を解いて求まる。

$$35.5m^2 + 0.0235Qm - 0.826Q^2 = 28.0$$

Q=2.0 m³/minとして、m=0.939と求まる。この回転数での特性式は、

$$H_{-0.939} = -0.826Q^2 + 0.0221Q + 31.3$$

$$\eta_{p-0.939} = 2.88Q^3 - 28.0Q^2 + 83.9Q$$

となる。回転数調整により流量調整した状態を図4.15(b)に示す。ポンプ効率は78.8%と求まる。

(a) 弁による流量調整

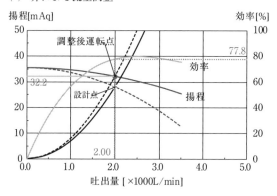

(b) 回転数による流量調整

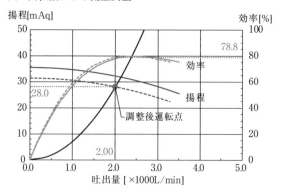

図4.15　ポンプの流量調整

⑷　運転方法による運転点の変化

可変速ポンプで運転点が変化するケースには、運転方法により

- 揚程は一定で吐出量のみ変化させる場合
- 吐出量は一定で揚程のみ変化させる場合
- 吐出量・揚程とも変化させる場合

の3つのケースが考えられるが、運転点の移動に伴うポンプ効率の変化の傾向はそれぞれ異なる。図4.16⒜に揚程の変化、図4.16⒝に効率の変化、図4.16⒞に軸動力の変化を示している。図中⒜は揚程28 mAq一定で吐出量を2.0 m³/minから1.0 m³/minまで変化させている。差圧一定変流量制御の状態であり、回転数は93.1%から90.1%に変化する。回転数の変化が大きくないので、ポンプ効率はほぼ特性にそって変化し78.8%から60.2%に低下する。軸動力もほぼ特性に沿って11.6 kWから7.6 kWまで変化する。実揚程が変動するなどで、吐出量一定で揚程のみ変化させるケースでは初期の運転点により異なる。図中⒝は1.0 m³/min、28.0 mAqから揚程を7.0 mAqに変化させている。回転数は90.1%から46.9%となり、ポンプ効率は60.2%から78.8%に変化し、軸動力は7.6 kWから1.5 kWに変化する。図中⒞は2.0 m³/min、28.0 mAqから揚程を7.0 mAqに変化させた場合で。回転数は93.9%から53.8%となるが、ポンプ効率はあまり変化しない。ただし、7.0 mAqでは運転可能範囲から外れている。軸動力は11.6 kWから3.1 kWに変化する。図中⒟は吐出量の二乗に比例して揚程を変化させた場合で、最適差圧制御の状態であり、回転数は93.9%から46.9%となり、ポンプ効率は一定、軸動力は11.6 kWから1.5 kWに変化する。

(a) 吐出量と揚程の変化

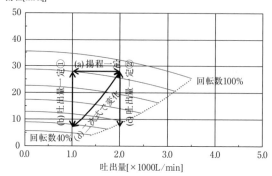

(b) ポンプ効率の変化

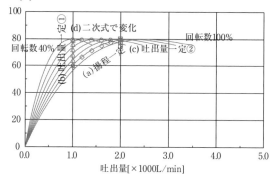

(c) 軸動力の変化

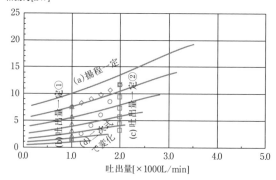

図4.16　運転点の変化によるポンプ効率の変化

4.3.2　ポンプの変流量運転例

(1)　一次ポンプ

　下記の仕様の一次ポンプを100〜50%の吐出量で変流量運転したときの運転点の変化範囲を求める。流量調整は回転数調整で行うこととする。

　　吐出量：3,200 L/min

　　揚程：18 mAq

　冷凍機の負荷率と吐出量の関係を図4.17(a)に、負荷率と揚程の関係を図4.17(b)に示す。選定したポンプの特性は図4.18のとおりで、回転数 m での特性式は

$$H_{-m} = -0.455Q^2 + 0.607mQ + 23.8m^2$$

(a)　冷凍機の負荷率とポンプの吐出量

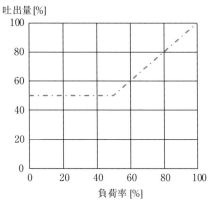

(b)　冷凍機の負荷率とポンプの揚程

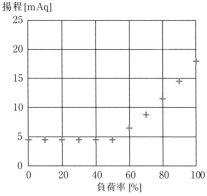

図4.17　一次ポンプの変流量運転

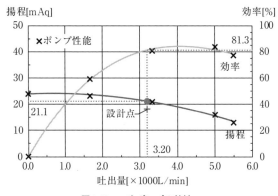

図4.18　一次ポンプの特性

$$\eta_{p-m} = \frac{0.399}{m^3}Q^3 - \frac{8.33}{m^2}Q^2 + \frac{48.0}{m}Q$$

配管の抵抗式は

$$P = 1.76Q^2$$

と表されるので、変流量で運転するときの回転数は下式を解けば良い

$$23.8m^2 + 0.607Qm - 0.455Q^2 = 1.76Q^2$$

　変流量運転を行うときの運転点の変化範囲は図4.19に示すとおりで、回転数は93.5～46.7%で変化する。この場合実揚程が0 mAqであるので、吐出量が50%になれば回転数も定格値の50%になる。冷凍機負荷率とポンプの運転点の関係を表4.4にまとめておく。

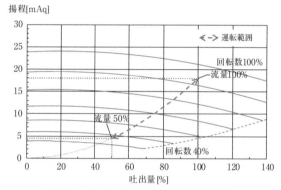

図4.19　一次ポンプの変流量運転の運転範囲

表4.4　一次ポンプの変流量運転の運転点

負荷率 %	回転数 %	吐出量 m³/min	揚程 mAq	効率 %	軸動力 kW
100	93.5	3.20	18.0	82.6	11.39
90	84.1	2.88	14.6	82.6	8.30
80	74.8	2.56	11.5	82.6	5.83
70	65.4	2.24	8.8	82.6	3.91
60	56.1	1.92	6.5	82.6	2.46
50	46.7	1.60	4.5	82.6	1.42
40	46.7	1.60	4.5	82.6	1.42
30	46.7	1.60	4.5	82.6	1.42
20	46.7	1.60	4.5	82.6	1.42
10	46.7	1.60	4.5	82.6	1.42
0	46.7	1.60	4.5	82.6	1.42

ポンプの最高効率は回転速度の低下に伴い若干低下するが、それを無視しているので吐出量が変化しても効率は一定の計算結果となっている。

(2)　冷却水ポンプ

下記の仕様の冷却水ポンプを100～50%の吐出量で変流量運転したときのポンプの運転点の変化範囲を求める。流量調整は回転数調整で行うこととする。

　　吐出量：5,800 L/min

　　揚程：22 mAq、実揚程4 mAq

冷凍機の負荷率と吐出量の関係を図4.20(a)に、負荷率と揚程の関係を図4.20(b)に示す。冷却塔への放熱量は、単純に冷凍機の負荷率に比例するとしている。選定し

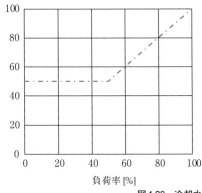

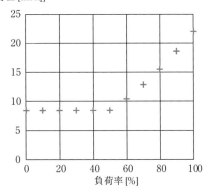

(a)　冷凍機の負荷率とポンプの吐出量

(b)　冷凍機の負荷率とポンプの揚程

図4.20　冷却水ポンプの変流量運転

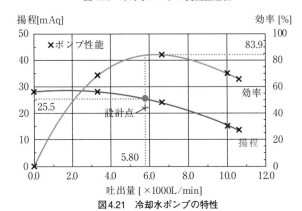

図4.21　冷却水ポンプの特性

たポンプの特性は図4.21に示すとおりで、回転数mでの特性式は

$$H_{-m} = -0.190Q^2 + 0.635mQ + 28.2m^2$$

$$\eta_{p-m} = \frac{0.102}{m^3}Q^3 - \frac{3.39}{m^2}Q^2 + \frac{30.7}{m}Q$$

配管の抵抗式は

$$P = 0.535Q^2 + 4.0$$

と表されるので、変流量で運転するときの回転数は下式を解けば良い

$$28.2m^2 + 0.635Qm - 0.190Q^2 = 0.535Q^2 + 4.0$$

変流量運転を行うときの運転点の変化範囲は図4.22に示すとおりで、回転数は94.1〜56.7%で変化する。この場合実揚程があるので、吐出量が50%になったときの回転数は定格値の50%ではない。負荷率が50%のときに回転数を94.1%の50%で運転すると流量が不足することになる。冷凍機負荷率とポンプの運転点の関係を表4.5にまとめておく。ポンプの効率は84.3%から82.0%に低下している。

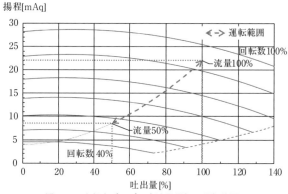

図4.22 冷却水ポンプの変流量運転の運転範囲

表4.5　冷却水ポンプの変流量運転の運転点

負荷率 %	吐出量 m³/min	揚程 mAq	回転数 %	効率 %	軸動力 kW
100	5.80	22.0	94.1	84.3	24.71
90	5.22	18.6	86.1	84.3	18.80
80	4.64	15.5	78.4	84.1	13.98
70	4.06	12.8	70.8	83.8	10.14
60	3.48	10.5	63.5	83.2	7.16
50	2.90	8.5	56.7	82.0	4.91
40	2.90	8.5	56.7	82.0	4.91
30	2.90	8.5	56.7	82.0	4.91
20	2.90	8.5	56.7	82.0	4.91
10	2.90	8.5	56.7	82.0	4.91
0	2.90	8.5	56.7	82.0	4.91

(3)　蓄熱槽汲上げポンプ

　開放式の蓄熱槽から汲み上げ、熱交換器で放熱する回路を想定している。この場合はポンプの回転数の下限を設定し、下限で運転したときの吐出量を求める。ポンプの仕様は下記のとおりで、回転数下限は40%とする。流量調整は回転数調整で行うこととする。

　　吐出量：3,200 L/min

　　揚程：18 mAq、実揚程2 mAq

(a)　熱交換器の負荷率とポンプの吐出量
吐出量 [%]

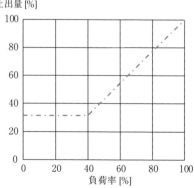

(b)　熱交換器の負荷率とポンプの揚程
揚程 [mAq]

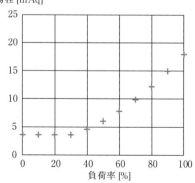

図4.23　蓄熱槽汲上げポンプの変流量運転

熱交換器の負荷率と吐出量の関係を図4.23(a)に、熱交換器の負荷率と揚程の関係を図4.23(b)に示す。選定したポンプは(1)と同じである。

配管の抵抗式は

$P = 1.56Q^2 + 2.0$

であるので、変流量で運転するときの回転数は下式を解けば良い

$23.8m^2 + 0.607Qm - 0.455Q^2 = 1.56Q^2 + 2.0$

変流量運転を行うときの運転点の変化範囲は図4.24に示すとおりで、回転数は93.5〜40.0%で変化する。回転数40%のときの吐出量は上式で$m = 0.4$としQについて解くと1,010

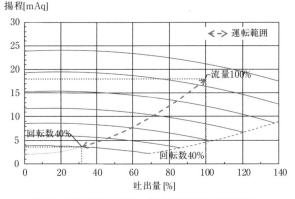

図4.24 蓄熱槽汲上げポンプの変流量運転の運転範囲

表4.6 蓄熱槽汲上げポンプの変流量運転

負荷率	吐出量	揚程	回転数	効率	軸動力
%	m³/min	mAq	%	%	kW
100	3.20	18.0	93.5	82.6	11.39
90	2.88	15.0	85.0	82.4	8.54
80	2.56	12.2	76.7	82.2	6.23
70	2.24	9.8	68.5	81.8	4.40
60	1.92	7.8	60.5	81.1	3.00
50	1.60	6.0	52.8	80.0	1.96
40	1.28	4.6	45.6	77.9	1.22
30	1.01	3.6	40.0	74.5	0.80
20	1.01	3.6	40.0	74.5	0.80
10	1.01	3.6	40.0	74.5	0.80
0	1.01	3.6	40.0	74.5	0.80

L/minとなり、設計値の31.6%、揚程は3.6 mAqと求まる。ポンプの効率は82.6%から74.5%に低下している。熱源機負荷率とポンプの運転点の関係を表4.6にまとめておく。

＜参考文献＞

上村泰："並列運転ポンプの運転計画①②"，建築設備と配管工事2016.7，2016.8
空気調和・衛生工学会：空気調和設備計画設計実務の知識（改訂3版），オーム社（2010）
荏原製作所：WEBサイト，http://www.ebara.co.jp/

第5章　並列運転ポンプの運転計画

本章では、並列設置したポンプ特性の表し方を示し、その並列合成特性を用いて変流量運転を行う場合の運転点の求め方を示す。

5.1　並列運転ポンプの運転特性

5.1.1　2台並列運転

本項では、ポンプの並列運転の基本的なパターンを考える。用いるポンプは4.3.1項と同じで、揚程式は回転数mで、

$$H_{1-m} = -0.826Q^2 + 0.0235mQ + 35.5m^2 \qquad \cdots (5.1)$$

2台並列運転では

$$H_{2-m} = -0.207Q^2 + 0.0118mQ + 35.5m^2$$

と表され、効率式は下式で表される。

$$\eta_{p1-m} = \frac{2.39}{m^3}Q^3 - \frac{24.7}{m^2}Q^2 + \frac{78.7}{m}Q$$

定速ポンプ2台を並列運転した場合の揚程曲線を図5.1(a)に示す。この場合流量3,500 L/minまでは1台運転も2台運転も可能で、例えば2,800 L/minでは1台運転では吐出量2,800 L/min,揚程29.1 mAq、2台運転では吐出量1,400 L/min,揚程33.9 mAqで運転できる。水動力は揚程に比例するので2台運転では1台運転の116%になり、効率は79.3%から68.4%に低下するので軸動力は135%になる。これは、2台並列特性と同等のポンプ1台を選定した場合と2台に分割し1台運転とした場合の比較に等しく、定速ポンプでは過大なポンプを選択すると、適切に流量調整を行っても過剰な揚程と効率低下により搬送効率の悪い運転となる。

定速ポンプと可変速ポンプを組合わせた場合の揚程曲線を図5.1(b)に示す。可変速ポンプの回転数を変化させると、異容量ポンプの並列運転となり、揚程曲線は簡

(a)　定速ポンプ2台の並列運転

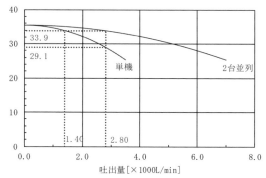

(b)　定速ポンプと可変速ポンプの並列運転

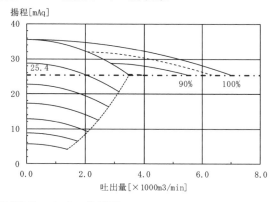

(c)　可変速ポンプ2台の並列運転

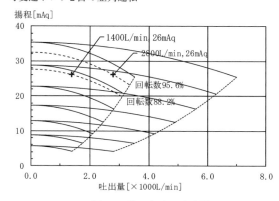

図5.1　ポンプ2台の並列運転

単には求まらないので、何点か計算して求めている。変流量運転には可変速機で対応できるが、最適差圧制御を行う場合、並列運転時の差圧の下限は定速機の下限揚程で決まる。この場合は25.4 mAqが下限となり、そのときの可変速機の回転数は約85%である。定速機は差圧をこの値以下に下げるとオーバロード状態となり、可変速機は差圧をそのままに85%以下に回転数を下げると締切り運転状態となる。可変速機1台運転の場合には、目標差圧まで下げることができる。最小流量を最大吐出量の10%の350 L/min, 必要最小揚程を8 mAqとすれば回転数は47.8%となる。

　可変速ポンプ2台を同じ回転数で並列運転した場合の揚程曲線を図5.1(c)に示す。重なっている範囲は1台運転も2台運転も可能で、たとえば2,800 L/min、26 mAqで運転する場合には、1台運転で回転数は95.6%になるが、2台運転では1台の吐出量は1,400L/min、回転数は88.2%であり、1台運転時に比べポンプ効率は78.8%から72.3%に低下するので軸動力は109%になる。これは、差圧一定制御の場合に相当し、差圧一定制御では正しく台数制御を行わねばならないことを示している。最低回転数を40%、最小流量を350 L/minとすると揚程は5.6 mAqになる。

　可変速ポンプの場合には、分割台数を変えても合計の水動力は等しく、ポンプ効率が変わらなければ軸動力も変わらないので、台数分割は省エネ性には直接的には影響しないが、複数台に分割することによりポンプ単機が運転する流量範囲が狭くなり、台数制御に伴う効率の変動も小さくなるので平均的に高い効率で運転できる。ポンプ効率のよい範囲で運転できるように、台数制御を行うように留意すべきである。また、運転台数が異なればポンプ廻りの配管抵抗にも差異が生じることにも注意が必要である。

5.1.2　4台並列運転

　並列運転の場合には、ポンプ廻りの個別配管の抵抗と供給差圧を分けて考えると取扱いやすくなる。前項と同じポンプ4台の並列運転で、個別配管の抵抗を2,000 L/minで4.0 mAq、供給差圧を24.0 mAqとすると、個別配管の抵抗P_m mAqはポンプ1台の吐出量をQ m³/minとして下式で表される。

$$P_m = 1.0Q^2 \qquad\qquad \cdots (5.2)$$

ポンプの必要揚程P mAqは、式(5.2)に供給差圧を加算すればよい。

$$P = 1.0Q^2 + 24.0$$

供給差圧一定制御で1台の流量を2,000 L/minとして運転台数を決定すれば、ポンプの必要揚程は、図5.2(a)に示すとおりで、運転台数により不連続な形になる。図5.2(b)には、最適差圧制御で、供給差圧は必要最小差圧を12.0 mAqとし二次式で想定した場合を示しているが、この場合もポンプの必要揚程は不連続な形になる。配管系の抵抗式で示すと、運転台数がn台のとき供給差圧P_sは

$$P_s = 0.188\,(nQ)^2 + 12.0$$

ポンプの必要揚程は、個別配管の抵抗を加算し、

$$P = (0.188n^2 + 1.0)\,Q^2 + 12.0$$

(a)　差圧一定制御

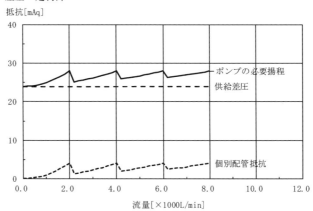

(b)　最適差圧制御

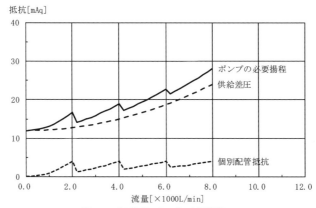

図5.2　並列運転ポンプの必要揚程

最適差圧制御を行った場合のポンプの運転点の範囲を図5.3に示す。図中の表には、台数制御点の運転状態をまとめている。

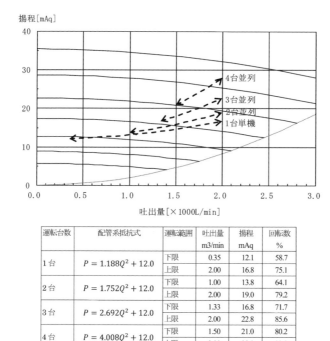

図5.3　最適差圧制御でのポンプの運転点の範囲

運転台数	配管系抵抗式	運転範囲	吐出量 m3/min	揚程 mAq	回転数 %
1台	$P = 1.188Q^2 + 12.0$	下限	0.35	12.1	58.7
		上限	2.00	16.8	75.1
2台	$P = 1.752Q^2 + 12.0$	下限	1.00	13.8	64.1
		上限	2.00	19.0	79.2
3台	$P = 2.692Q^2 + 12.0$	下限	1.33	16.8	71.7
		上限	2.00	22.8	85.6
4台	$P = 4.008Q^2 + 12.0$	下限	1.50	21.0	80.2
		上限	2.00	28.0	93.9

　並列運転での運転状態は仮想特性で示すと分かりやすい。ポンプの仮想特性は式(5.1) −式(5.2) として

$$H'_{1-m} = -1.83Q^2 + 0.0235mQ + 35.5m^2$$

n台並列運転の仮想揚程は、n台とも回転数mであれば

$$H'_{n-m} = \frac{-1.83}{n^2}Q^2 + \frac{0.0235}{n}mQ + 35.5m^2$$

となる。図5.4には4台並列運転での合成特性と供給差圧を示すが、運転点は供給差圧に沿って変化する。仮想揚程を用いることにより1台のポンプとして取扱うことができるので、並列運転時の運転点は運転台数が変わっても供給差圧との交点を求めればよくなり、変流量運転の運転状態を分かりやすく示すことができる。

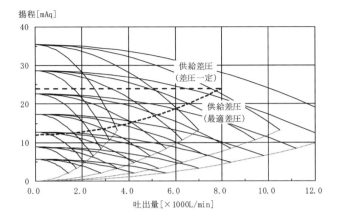

図5.4　4台並列運転の仮想揚程曲線

5.2 並列運転ポンプの運転状態

本節では、具体的な配管回路を想定し、運転状態を求めている。

5.2.1 モジュールチラー組込みポンプ

モジュールチラーの運転は、付属するコントローラの機能によりいくつかの運転方法がある。本項では全モジュール同一の運転とする場合と1モジュール単機で運転する場合について、内蔵ポンプの運転状態を機外揚程で求めた場合と、仮想揚程で求めた場合を示す。

(1) 計画条件

配管システムは図5.5に示すとおりで、下記の計画値で運転状態を求める。

構成：10モジュール構成

配管方式：密閉回路　単式ポンプ方式

内蔵ポンプ：520 L/min×25 mAq（機外）、下限流量33%

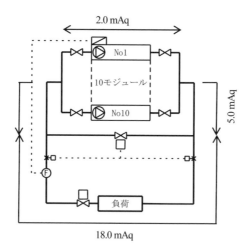

図5.5　モジュールチラーの配管回路

単式ポンプ方式であるが等容量のポンプの並列運転であるので並列合成が可能で、最適差圧制御を採用しても比較的容易に運転点を求められる。内蔵ポンプの特性は、機外揚程と機内抵抗で示されていることが多い。ポンプの揚程と機内抵抗が分かっているときは、機外揚程はポンプ揚程から機内抵抗を減じて求められる。ポ

ンプは可変速ポンプで、負荷流量に合わせた運転ができる機能を有しているものとする。回転数mでの1モジュールの機外揚程Hn_{1-m}の揚程式は1モジュールの流量をQ_1 m³/minとして

$$Hn_{1-m} = -65.5Q_1^2 + 4.72Q_1\,m + 43.7m^2 \qquad\qquad \cdots (5.3)$$

と表されるものとする。10モジュール合成では合計流量をQ_{10} m³/minとして

$$Hn_{10-m} = -0.655Q_{10}^2 + 0.472Q_{10}\,m + 43.7m^2 \qquad\qquad \cdots (5.4)$$

となり、10モジュールを同一の流量で運転する場合の内蔵ポンプの揚程式はこの式を用いればよい。機内抵抗は定格流量で8.0 mAqなので、機内抵抗P_iは、

$$P_i = 29.6Q_1^2$$

その他、配管系の抵抗は下記を見込む。

　　負荷側回路：5,200 L/minで18.0 mAq

　　末端差圧：流量に関係なく8.0 mAq

　　熱源側回路：5,200 L/minで5.0 mAq

　　機側弁：520 L/minで2.0 mAq

供給差圧P_s mAqは最適差圧制御を行うとして、負荷流量をQ_l m³/minとすると、

$$P_s = 0.370Q_l^2 + 8.0 \qquad\qquad \cdots (5.5)$$

熱源側回路の配管抵抗P_m mAqは、熱源流量をQ_{10} m³/minとして、

$$P_m = 0.185Q_{10}^2 \qquad\qquad \cdots (5.6)$$

正常に変流量運転が行われていればバイパスは0で、$Q_l = Q_{10}$となるはずであるから、共通部分の配管抵抗P_l mAqは、式(5.5)＋式(5.6)で

$$P_l = 0.555Q_{10}^2 + 8.0 \qquad\qquad \cdots (5.7)$$

機側弁の配管抵抗P_v mAqは、

$$P_v = 7.40Q_1^2 \qquad\qquad \cdots (5.8)$$

ポンプの揚程は、配管抵抗の合計に機内抵抗を加算して求まる。また、供給端での搬送動力W_s kWは下式で求められる。

$$W_s = \frac{\rho g (Q_l / 60) P_s}{1000\eta_p\eta_m}$$

(2)　機外揚程を用いて求めた運転状態

　配管系の抵抗式は共通部分の配管抵抗式(5.7)と機側弁の抵抗式(5.8)の合計になるが、流量の基準が異なるのでこのままでは合成できない。各モジュールの流量が

等しく $Q_{10} = 10Q_1$ であれば機側弁の抵抗を

$$P_v = 0.074Q_{10}^2 \qquad \cdots (5.8')$$

と書換えて合成できる。抵抗式は 式 (5.7) + 式 (5.8') として

$$P_{10} = 0.629Q_{10}^2 + 8.0 \qquad \cdots (5.9)$$

10モジュール運転時の運転状態を求めるには、$Hn_{10-m} = P_{10}$ として回転数を求める。式 (5.4) と式 (5.9) から

$$43.7m^2 + 0.472Q_{10}m - 0.655Q_{10}^2 = 0.629Q_{10}^2 + 8.0$$

定格流量5.2 m^3/minでは回転数96.1%、下限流量1.72 m^3/minでは回転数51.0%と求まる。運転状態を図5.6(a)に示している。また、1モジュールの流量 $Q_{1/10}$ を基準にすることも可能で、式 (5.7) で $Q_{10} = 10Q_{1/10}$ と置換えて

$$P_l = 55.5Q_{1/10}^2 + 8.0 \qquad \cdots (5.7')$$

機側弁と合成は式 (5.7') + 式 (5.8) として

$$P_{1/10} = 62.9Q_{1/10}^2 + 8.0 \qquad \cdots (5.9')$$

と表される。式 (5.3) = 式 (5.9') として、同様に運転点が求まる。

$$43.7m^2 + 4.72Q_1m - 65.5Q_1^2 = 62.9Q_{1/10}^2 + 8.0$$

1モジュール単機運転時は系全体の流量は変わらないので $Q_{10} = Q_1$ であり、抵抗式は単純に式 (5.7) + 式 (5.8) としてよく

$$P_1 = 7.96Q_1^2 + 8.0 \qquad \cdots (5.10)$$

となる。1モジュール単機運転時の運転状態は、$Hn_{1-m} = P_1$ として回転数を求める。式 (5.3) と式 (5.10) から

$$43.7m^2 + 4.72Q_1m - 65.5Q_1^2 = 7.96Q_1^2 + 8.0$$

定格流量0.52 m^3/minでは回転数77.1%、下限流量0.17 m^3/minでは回転数47.3%と求まる。運転状態を図5.6(b)に示している。

(3) 仮想揚程を用いて求めた運転状態

機外揚程と機側弁の抵抗を合成した仮想揚程を用いても運転状態を求めることができる。仮想揚程は式 (5.3) と式 (5.8) を合成して

$$Hn'_1 = -72.9Q_1^2 + 4.72Q_1m + 43.7m^2 \qquad \cdots (5.3')$$

10台合成して

$$Hn'_{10} = -0.729Q_{10}^2 + 0.472Q_{10}m + 43.7m^2 \qquad \cdots (5.4')$$

配管抵抗は式 (5.7) でよいので、10モジュール運転の運転点の回転数は $Hn'_{10} = P_l$

(a)　10モジュール運転の運転状態

揚程[mAq]

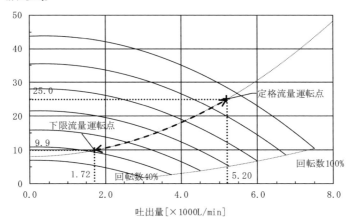

(b)　1モジュール単独運転時の運転状態

揚程[mAq]

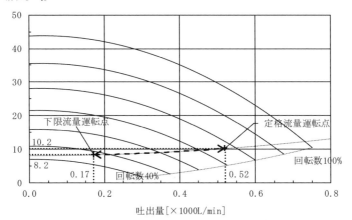

図5.6　機外特性で求めたモジュールチラー内蔵ポンプの運転状態

として式(5.4')と式(5.7)から下式を解いて求まる。

$$43.7m^2 + 0.472Q_{10}m - 0.729Q^2_{10} = 0.555Q^2_{10} + 8.0$$

(2)と同様に、定格流量5.2 m³/minでは回転数96.1%、下限流量1.72 m³/minでは回転数51.0%と求まる。ポンプの揚程は、仮想揚程に機側弁抵抗と機内揚程を加算して求まる。10モジュール運転の運転状態を図5.7(a)に示す。1モジュール単機運転

時の抵抗式は、式 (5.7) で $Q_{10} = Q_1$ として用いれば良いので、運転点の回転数は、式 (5.3') と式 (5.7) から下式を解けば求まる。

$$43.7m^2 + 4.72Q_1 m - 72.9Q_1^2 = 0.555Q_1^2 + 8.0$$

(2)と同様に、定格流量0.52 m^3/min では m = 77.1%、下限流量0.17 m^3/min では回転数47.3%と求まる。1モジュール運転の運転状態を図5.7(b)に示す。

(a) 10モジュール運転の運転状態

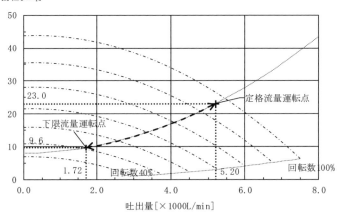

(b) 1モジュール単独運転時の運転状態

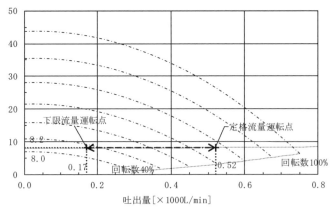

図5.7　仮想揚程で求めたモジュールチラー内蔵ポンプの運転状態

5.2.2　二次ポンプ

等容量ポンプの並列運転の代表的な例として、二次ポンプの運転状態を考える。

(1)　計画条件

想定するシステムは図5.8に示すとおり標準的な二次ポンプシステムで、ポンプ4台を並列運転する密閉回路である。戻り二次ヘッダから送り一次ヘッダの抵抗はほぼ0と見なす。

計画流量：16,000 L/min
負荷側配管抵抗（計画供給差圧）：計画流量で25 mAq
必要最小差圧：流量に関係なく10 mAq
熱源側配管抵抗（個別回路抵抗）：計画流量で3 mAq

最適差圧制御を行う場合の必要最少差圧には、空調機コイル抵抗・自動制御弁・空調機廻り配管抵抗を想定している。

選定するポンプの特性は図5.9に示すとおりで、特性式は下式で表される。

$$H_1 = -0.892Q^2 + 1.46Q + 39.1 \qquad \cdots (5.11)$$

$$\eta_p = 0.567Q^3 - 10.8Q^2 + 53.3Q \qquad \cdots (5.12)$$

回転数mでは

$$H_{1-m} = -0.892Q^2 + 1.46mQ + 39.1m^2 \qquad \cdots (5.11m)$$

$$\eta_{p-m} = \frac{0.567}{m^3}Q^3 - \frac{10.8}{m^2}Q^2 + \frac{53.3}{m}Q \qquad \cdots (5.12m)$$

計画値での供給差圧P_s mAqは、ポンプ1台の流量Q_1 m³/minを基準にして、配管抵抗は4.0 m³/minで15 mAq、実揚程は10 mAqとすればよいので、

$$P_s = 0.938Q_1^2 + 10 \qquad \cdots (5.13)$$

熱源側配管抵抗P_m mAqは、4.0 m³/minで3 mAqなので

$$P_m = 0.188Q_1^2 \qquad \cdots (5.14)$$

合成して

$$P = 1.13Q_1^2 + 10 \qquad \cdots (5.15)$$

と表される。弁で流量調整する場合、図5.9より2.7 mAqの抵抗が必要であるので、流量調整弁の抵抗式は下式となる。

$$P_v = 0.168Q_1^2 \qquad \cdots (5.16)$$

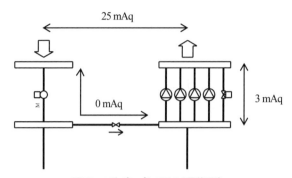

図5.8　二次ポンプシステムの配管回路

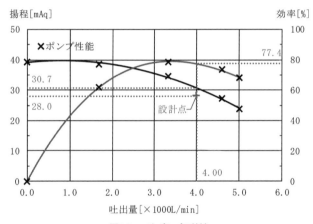

図5.9　二次ポンプの特性

(2)　ポンプの運転計画

まず、以下の制御方法について運転状態を想定する。

(ⅰ)　差圧一定バイパス制御

(ⅱ)　差圧一定変流量制御

(ⅲ)　最適差圧変流量制御(1)

(ⅰ)は定速ポンプ、(ⅱ)(ⅲ)は4台とも可変速ポンプとする。流量調整は(ⅰ)では弁により、(ⅱ)(ⅲ)では回転数により行うこととし、台数制御はポンプ設計流量で行うこととする。弁で流量調整するときの仮想揚程はポンプの揚程式（5.11）と、熱源側配管抵抗式（5.14）および流量調整弁抵抗式（5.16）を合成すればよい。

$$H_1' = -1.25Q^2 + 1.46Q + 39.13$$

流量調整を回転数で行う場合の回転数は、式（5.11m）＝式（5.15）より、$Q_1 = 4.0$ m³/min として下式を解いて96.7%と求まる。

$$39.1m^2 + 1.46Q_1m - 0.892Q_1^2 = 1.13Q_1^2 + 10.0$$

回転数 $m = 0.967$ での揚程式は

$$H_{1-0.967} = -0.892Q^2 + 1.41Q + 36.6$$

仮想ポンプ特性は、この揚程式と熱源側配管抵抗の式（5.14）を合成すればよい。

$$H'_{1-0.967} = -1.08Q^2 + 1.41Q + 36.6$$

運転点はポンプ揚程と配管系抵抗の交点としても、仮想特性と供給差圧（負荷側抵抗）の交点としても定まる。ポンプ単体の計画運転点について、弁調整の場合を図5.10(a)に、回転数調整の場合を図5.10(b)に示す。弁調整での計画運転点は4,000 L/min,30.7 mAqで効率は77.4%、回転数調整では回転数は96.7%になり、計画運転点は4,000 L/min、28.0 mAqで効率は76.6%になる。

4台並列運転の運転点を図5.11に示す。図5.11(a)が(ⅰ)差圧一定バイパス制御での運転状態で、ポンプの必要運転台数ごとに、負荷側の抵抗が(イ)～(ニ)になるようにバイパス弁を制御することによりポンプは計画運転点で運転される。図5.11(b)は(ⅱ)差圧一定変流量制御の場合である。計画運転点で運転できるようにポンプの流量調整で決定した回転数96.7%を上限としている。変流量制御は流量が不足しないように運転台数を決定し、供給差圧を設定値に保つように回転数を調整することにより、供給流量が負荷流量に一致するように運転される。図5.11(c)が(ⅲ)最適差圧変流量制御(1)である。負荷側の抵抗は、式（5.13）で $Q_1 = Q/4$ として想定している。

(a) 弁で流量調整するとき

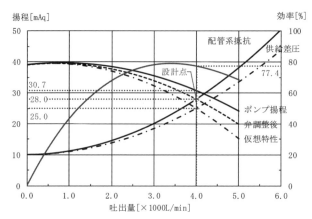

(b) 回転数で流量調整するとき

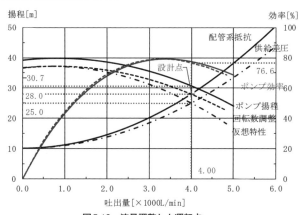

図5.10　流量調整した運転点

この場合もポンプの最高回転数は計画運転点の回転数で定めている。ただし、計画流量と最大吐出量を比較し最大吐出量の方が小さければ最大吐出量で決めている。次に、最適差圧変流量制御でポンプの最大吐出量で運転台数を選定する運転を考える。これは、運転台数を最も少なくする運転である。

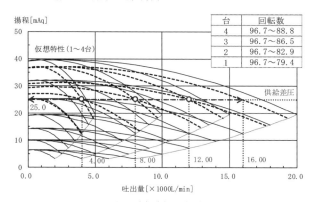

(a)　(i)差圧一定バイパス制御の運転計画

(b)　(ii)差圧一定変流量制御の運転計画

台	回転数
4	96.7〜88.8
3	96.7〜86.5
2	96.7〜82.9
1	96.7〜79.4

図5.11(a)、(b)　運転計画

(iv)　最適差圧変流量制御(2)

　このケースでは最大吐出量近くで運転されることがあるので、単独配管部分の配管口径は1サイズアップすることとし、計画流量での抵抗は1.0 mAqとしている。運転状態は図5.11(d)のように想定される。回転数の上限を設けず計画流量を超えて運転することも可能で、4台並列運転で計画値の108%、17.3 m³/minを供給できる。また、3台並列運転では14.9 m³/min、計画流量水量の93%の供給が可能である。このケースでも、ポンプの吐出量は、最大吐出量を超えないように定めている。

(c) (iii)最適差圧変流量制御(1)の運転計画

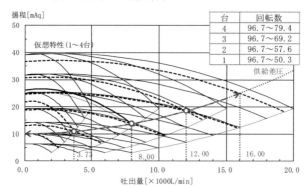

(d) (iv)最適差圧変流量制御(2)の運転計画

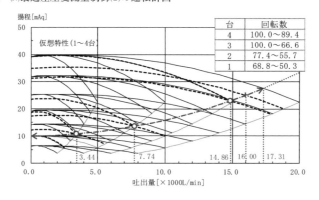

図5.11(c)、(d) 運転計画

(3) 運転状態の比較

制御方法による運転状態の比較を図5.12にまとめている。図5.12(a)には各ケースのポンプ吐出量を示している。(iii)(iv)で台数制御点がポンプの計画流量になっていない点があるのは最大吐出量を超えないように決定しているからである。図5.12(b)はポンプ揚程である。(i)ではポンプ仕様値の30.7 mAqで一定、(ii)(iii)(iv)では供給差圧P_s+熱源側配管抵抗P_mで計算しているが、P_sは(ii)では25 mAqで一定(iii)(iv)では式 (5.13) より算定し、P_mはポンプ吐出量により0～3 mAqで変化する。図5.12

(a)　ポンプ吐出量

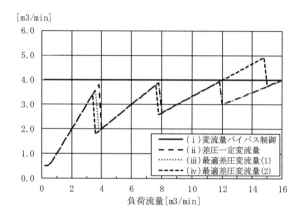

(b)　ポンプ揚程

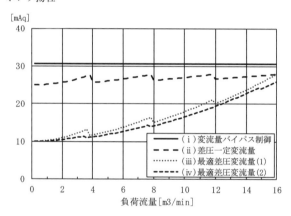

図5.12(a)、(b)　各運転方式の比較

(c)に回転数を示す。揚程と同様な傾向であり、不連続な線になっているのは熱源側配管抵抗の影響である。このような傾向はBEMSデータにも見受けられる。図5.12(d)にはポンプ効率を示している。ポンプの選定が最高効率点の右側で選定されているので、複数台並列運転している範囲では、変流量制御により回転数が変わってもポンプ効率の変動は少ない。(ii)では運転台数が多いほど吐出量の変化が少なくなり効率の変動は小さくなる。(iii)(iv)では単機の吐出量が多い範囲で効率が低下するが、

(c) ポンプ回転数

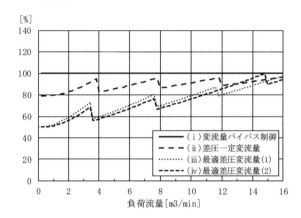

(d) ポンプ効率

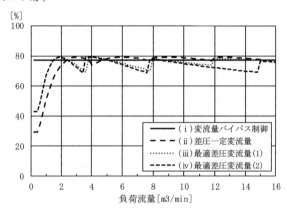

図5.12(c)、(d)　各運転方式の比較

揚程が下がっているので効率の低下を上回る動力低減効果が得られている。また、1台運転の時は、揚程がほとんど変わらず流量が低下するので効率が悪化するが、軸動力は5 kW以下になっていて影響は小さい。図5.12(e)には電動機入力を示す。電動機効率は94%として計算している。(ii)ではポンプ効率の変化がわずかなので軸動力と同じ変化となり、負荷流量にほぼ比例して変化している。(iii) (iv)では流量の二乗に近い値で変化している。(iv)では熱源側配管回路の配管口径をサイズアップ

(e)　電動機入力

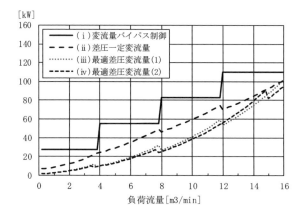

(f)　WTF

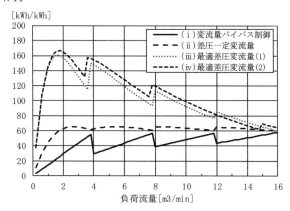

図5.12(e)、(f)　各運転方式の比較

し系全体の抵抗係数は小さくなっているが、流量が計画吐出量を超え抵抗の増加する時間があるので(ⅲ)と変わらない結果となっている。図5.12(f)には搬送熱量は、供給温度差を5.0℃とし搬送動力は電動機入力を用いて計算したWTFを示しているが、差異がより顕著に表れている。最適差圧制御を採用すれば、年間のWTFを100以上で運転することは容易である。

(4) 年間運転動力の比較

　年間の運転動力を比較するため、図5.13のような負荷累積曲線を想定し、計算した結果を図5.14に示す。負荷率1%以上で熱供給することとしたので空調運転時間は5,757時間であるが、ポンプの延べ運転時間は(ⅰ)(ⅱ)で8,717時間、(ⅲ)で8,805時間、(ⅳ)では7,798時間である。運転時間は(ⅳ)が最も短く、(ⅲ)は1台運転の範囲が狭いので若干運転時間が長い。ポンプの下限吐出量は、ポンプが締切り運転とならないように、最大吐出量の10%としている。図5.14には小流量ポンプを付加した場合も示している。小流量ポンプの吐出量は計画水量の5%、揚程は15 mAqとし、図5.15に示す特性のポンプとした。運転方法は主ポンプの制御に合わせ(ⅰ)では定速運転とし、その他は差圧一定変流量制御としている。年間の運転時間は2,012時間あるが、小型のポンプでポンプ効率が低いこともあり、(ⅰ)では効果が大きいが、(ⅱ)(ⅲ)(ⅳ)では低減効果は小さい。おおよその数値で、年間動力は変流量制御とすることにより45%減、最適差圧制御とすることによりさらに20%減となっている。

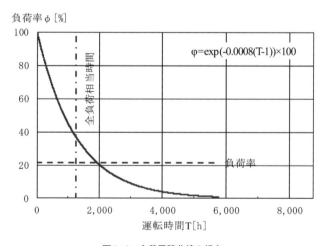

図5.13　負荷累積曲線の想定

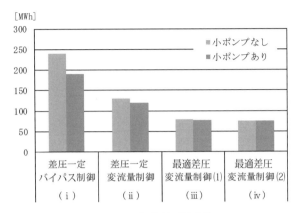

図5.14　年間運転動力比較

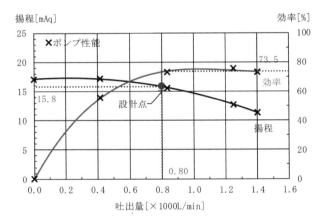

図5.15　小流量ポンプの特性

5.2.3 共用冷却水系統

異容量ポンプの並列運転の例として、図5.16に示すような300Rtと200Rtの冷凍機2台の冷却水系統を共用にした場合を考える。異容量のポンプ特性の合成は困難で、それぞれのポンプも同じ回転数で運転されるとは限らないので、運用条件を決めて運転状態を求める。このケースでは、ポンプの運転点がオーバーロード域に入らないことと、冷凍機の上限流量を超えないこと、また変流量運転を行う場合には運転可能な範囲で安定して行えることを確認しなければならない。本書では下記の3つのケースを示す。

- 並列運転で流量調整し、その状態で単機運転するケース。
- 変流量運転。この場合2系統とも同じ比率で変流量運転するものとする。
- 1台が定流量運転で、他機を変流量運転するケース。

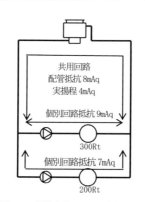

図5.16 配管を共用にした冷却水回路

(1) 計画条件

配管系の設計値は

- 300Rt個別回路

流量3,900 L/min、配管圧力損失4 mAq、機器圧力損失5 mAqとする。抵抗式は、

$$P_{300} = 0.592Q_{300}^2 \qquad \cdots (5.17)$$

- 200Rt個別回路

流量2,600 L/min、配管圧力損失2 mAq、機器圧力損失5 mAqとする。抵抗式は、

$$P_{200} = 1.04Q_{200}^2 \qquad \cdots (5.18)$$

• 共用回路

流量6,500 L/min、配管圧力損失8 mAq、実揚程として冷却塔3 mAq・制御弁1 mAqとする。抵抗式は、

$$P_{500} = 0.189Q^2_{500} + 4 \qquad \cdots (5.19)$$

配管系全体の抵抗式は図5.17に示すように合成できる。式(5.17)と式(5.18)を並列合成して

$$P_{300+200} = 0.192Q^2_{500} \qquad \cdots (5.20)$$

式(5.19)と式(5.20)を直列合成して、

$$P = 0.381Q^2_{500} + 4 \qquad \cdots (5.21)$$

図5.17では、300Rt系と200Rt系で3,700 L/minと2,800 L/minに分流されている。これは1台のポンプで2系統供給した状況であり、個別回路の抵抗が異なっているからである。200Rt系個別回路の抵抗を300Rt系と同じ9.0mAqとすれば、設計流量の3,900 L/minと2,600 L/minに分流できる。そのような抵抗式に調整すると、2台の特性が大きく異ならなければ流量が変わっても同じ比率で回転数を調整すれば、定格流量の比で分流される。共用回路の式(5.19)は1.4節で示したように、300Rt系と200Rt系に分離することが可能で、300Rt系については、式(5.19)で$Q_{500} = 5/3 \, Q_{300}$として

$$P_{300} = 0.526Q^2_{300} + 4 \qquad \cdots (5.19')$$

式(5.17)と合成すると、300Rt単独の回路の抵抗式として扱える。

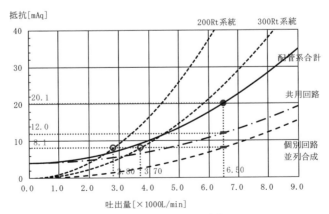

図5.17　配管系全体の抵抗合成

$$P_{300} = 1.12Q^2_{300} + 4 \qquad \cdots (5.21')$$

200Rt系については、式(5.19)で $Q_{500} = 5/2 \, Q_{200}$ として

$$P_{200} = 1.18Q^2_{200} + 4 \qquad \cdots (5.19'')$$

式(5.18)と合成し

$$P_{200} = 2.22Q^2_{200} + 4 \qquad \cdots (5.21'')$$

(2) ポンプの選定と流量調整

選定したポンプの特性を図5.18に示す。揚程式は、300Rt系では

$$H_{300} = -0.520Q^2_{300} + 0.694Q_{300} + 29.1 \qquad \cdots (5.22)$$

(a) 300Rt冷却水ポンプ

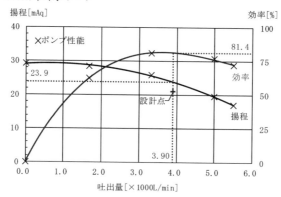

(b) 200Rt冷却水ポンプ

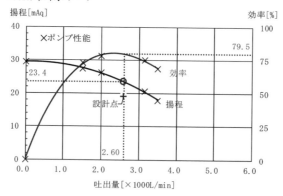

図5.18　冷却水ポンプの特性

200Rt系は

$$H_{200} = -1.02Q_{200}^2 + 0.366Q_{200} + 29.4 \qquad \cdots (5.23)$$

弁で流量調整するには300Rt系では2.9mAqの抵抗が必要で、

$$P_{v300} = 0.190Q_{300}^2 \qquad \cdots (5.17')$$

仮想揚程は式(5.22)から式(5.17)と式(5.17')を減じて

$$H'_{300} = -1.30Q_{300}^2 + 0.694Q_{300} + 29.1 \qquad \cdots (5.22')$$

同様に、200Rt系では4.4mAqの抵抗が必要で

$$P_{v200} = 0.653Q_{200}^2 \qquad \cdots (5.18')$$

仮想揚程は式(5.23)から式(5.18)と式(5.18')を減じて

$$H'_{200} = -2.71Q_{200}^2 + 0.366Q_{200} + 29.4 \qquad \cdots (5.23')$$

回転数で調整する場合は、300Rt系では回転数mでの揚程式は

$$H_{300-m} = -0.520Q_{300}^2 + 0.694mQ_{300} + 29.1m^2 \qquad \cdots (5.22m)$$

であるので、$H_{300-m} = 21.0$ mAqとして解いて回転数は$m = 0.951$になる。

$$H_{300-0951} = -0.520Q_{300}^2 + 0.660Q_{300} + 26.3 \qquad \cdots (5.22'')$$

200Rt系では回転数mでの揚程式は

$$H_{200-m} = -1.02Q_{200}^2 + 0.366mQ_{200} + 29.4m^2 \qquad \cdots (5.23m)$$

であるので、$H_{200-m} = 19.0$ mAqとして解いて回転数は$m = 0.923$になる。

$$H_{200-0923} = -1.02Q_{200}^2 + 0.338Q_{200} + 25.0 \qquad \cdots (5.23'')$$

弁調整で流量調整を行う場合は、締切り揚程がほとんど同じであるので、4.2.4項で示したように、簡易的に並列合成特性を得られる。ここでは仮想揚程を用いると便利で、供給差圧12.0 mAqのときの流量比が3：2であるので、300Rt系冷却水ポンプの仮想揚程の式(5.22')を式(4.11)にあてはめ

$$H'_{300+200} = -\frac{1.30}{n^2}Q_{300+200}^2 + \frac{0.694}{n}Q_{300+200} + 29.1$$

$n = 5/3 = 1.67$として

$$H'_{300+200} = -0.469Q_{300+200}^2 + 0.416Q_{300+200} + 29.1 \qquad \cdots (5.24)$$

回転数mでは

$$H'_{300+200} = -0.469Q_{300+200}^2 + 0.416Q_{300+200} + 29.1m^2 \qquad \cdots (5.24m)$$

合成した仮想揚程式を図5.19に鎖線で示す。破線で示す配管抵抗は共用回路抵抗を式(5.19')と式(5.19'')に分離したものである。この抵抗曲線と仮想揚程の交点がそ

れぞれの運転点となる。このケースでは、2系統とも同じ比率で変流量運転を行う場合、式（5.24m）と式（5.19）を用いて運転点を求められる。例えば、2系統とも50%流量で運転するには、下式で$Q_{300+200} = 3.25$ m³/minとして、回転数は59.1%と求まる。

$$29.1m^2 + 0.416Q_{300+200}m - 0.469Q^2_{300+200} = 0.189Q^2_{300+200} + 4$$

このとき、共用回路の抵抗は6.0 mAqであるので、ポンプの運転点は300Rt系では$H'_{300-0.591} = 6.0$ として1,950 L/min、200Rt系では$H'_{200-0.591} = 6.0$ として1,292 L/minと求まる。ポンプの合成が300Rtの特性式を基にした簡易的な計算なので、200Rt系で1,300 L/minとなるべきところ、わずかに誤差がある。回転数で流量調整を行った場合は締切り揚程に差異が生じるので、同じような計算はできないので1台ずつ求める方法を(4)に示しているが、その手順で計算すると、200Rt系では回転数は59.2%になる。ちなみに、流量調整前の並列運転状態を計算してみると、300Rt系の運転点は4,130 L/min、23.1 mAq、200Rt系の運転点は2,750 L/min、22.6 mAqとなった。

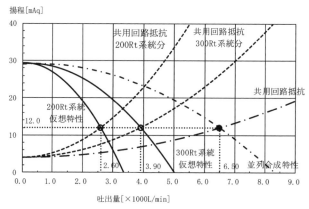

図5.19　ポンプの並列運転の簡易合成特性

(3) 単機運転

　並列運転で流量調整した状態で300Rt冷却水ポンプを単機運転したときの運転状態を図5.20(a)に示す。配管系の抵抗式は、300Rt個別回路の抵抗の式（5.17）と共用回路の抵抗の式（5.19）の合成で

$$P_{300} = 0.781Q^2_{300} + 4 \qquad\qquad \cdots (5.25)$$

　並列運転で流量調整した状態で単機運転したときの運転点は、ポンプ特性は回転数調整後の揚程の式 (5.22") を用い、式 (5.22") ＝式 (5.25) として、下式を解いて吐出量は4,400 L/minと求まる。揚程は19.2 mAqになる。

$$-0.520Q^2_{300} + 0.660Q_{300} + 26.3 = 0.781Q^2_{300} + 4$$

変流量運転を行うときの回転数を求めるには、式 (5.22m) ＝式 (5.25) として、下式を解けば良い。

$$29.1m^2 + 0.694Q300m - 0.520Q^2_{300} = 0.781Q^2_{300} + 4$$

設計流量で運転するには回転数を85.9%とすればよく、揚程は15.9 mAqになる。設計流量の50%で運転するには回転数は53.2%とすればよく、揚程は7.0 mAqとなる。

　同様に200Rt冷却水ポンプを単機運転したときの運転状態を図5.20(b)に示す。200Rt冷却水ポンプを単機運転したときの配管系の抵抗式は、200Rt個別回路の抵抗の式 (5.18) と共用回路の抵抗の式 (5.19) の合成で

$$P_{200} = 1.23Q^2_{200} + 4 \qquad\qquad\cdots (5.26)$$

単機運転したときの運転点は、ポンプ特性は回転数調整後の式 (5.23") を用い、式 (5.23") ＝式 (5.26) として下式を解いて、吐出量3,140 L/minと求まり、揚程16.1 mAqとなる。

$$-1.02Q^2_{200} + 0.338Q_{200} + 25.0 = 1.23Q^2_{200} + 4$$

変流量運転を行うときの回転数を求めるには、(5.23m) ＝式 (5.26) として、下式を解けば良い。

$$29.4m^2 + 0.366Q_{200}m - 1.02Q^2_{200} = 1.23Q^2_{200} + 4$$

設計流量で運転するには回転数を79.2%とすればよく、揚程は12.3 mAqになる。設計流量の50%で運転するには回転数は50.7%とすればよく、揚程は6.1 mAqとなる。図5.20(b)からは上限吐出量に近い運転になるが、オーバロードすることはないと判断できる。

　参考に弁で流量調整した場合の運転点を図5.21(a) (b)に示す。図5.21は図5.20と比較しやすいようにポンプの揚程は仮想特性で表している。300Rt系ではポンプの特性は回転数mでの式 (5.22m) を用い、配管抵抗式は式 (5.19) に式 (5.17) と式 (5.17') を加算し、

$$-0.520Q^2_{300} + 0.694mQ_{300} + 29.1m^2 = 0.971Q^2_{300} + 4$$

単機運転時の運転点を求めると吐出量4,340 L/min、揚程は22.3 mAqと求まる。設計流量で運転するには回転数を91.2%、50%流量で運転するには55.4%と算定される。200Rt系ではポンプの特性は回転数mでの式（5.23 m）を用い、配管抵抗式は式（5.19）に式（5.18）と式（5.18'）を加算し

$$-1.02Q^2_{200} + 0.366mQ_{200} + 29.4m^2 = -1.88Q^2_{200} + 4$$

単機運転時の運転点を求めると吐出量3,020 L/min、揚程は21.2 mAqと求まる。設計流量で運転するには回転数を88.0%、50%流量で運転するには54.2%と算定さ

(a) 300Rt冷却水ポンプ

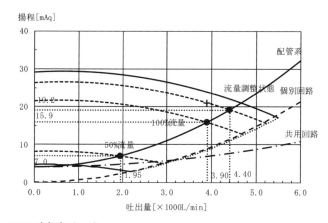

(b) 200Rt冷却水ポンプ

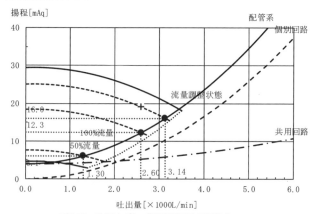

図5.20　冷却水ポンプ単独運転時の運転点

(a)　300Rt冷却水ポンプ

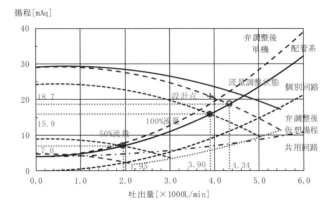

(b)　200Rt冷却水ポンプ

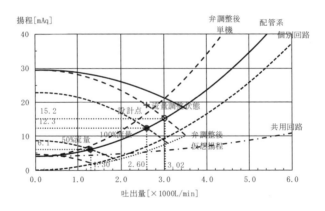

図5.21　冷却水ポンプ単独運転時の運転点（弁で流量調整した場合）

れる。両系統とも、回転数調整で流量調整した場合と比べると、吐出量の変動が小さくなっている。また、図5.20(b)と図5.21(b)を比較すると、弁で流量調整した場合には最大吐出量に対し、余裕のある運転となっている。

(4) 並列運転

並列運転で変流量運転したときの300Rt冷却水ポンプの運転状態を図5.22(a)に示す。この場合、配管系の抵抗式は、式（5.21'）を用いればよい。計画流量で運転するときの回転数は(2)で示したように95.1%である。変流量運転を行うときの回転数を求めるには、式（5.22m）＝式（5.21'）として、下式の解を求めればよい。

$$29.1m^2 + 0.694Q_{300}m - 0.520Q_{300}^2 = 1.12Q_{300}^2 + 4$$

設計流量50%の流量で運転するときの回転数は、57.0%と求まり、揚程は8.3 mAqになる。

(a) 300Rt冷却水ポンプ運転点

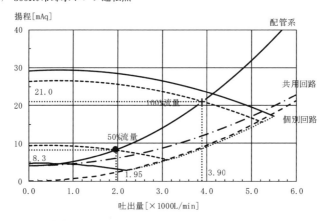

(b) 200Rt冷却水ポンプ運転点

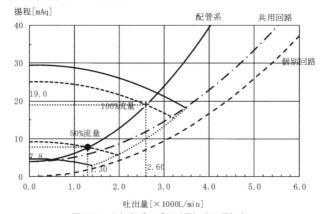

図5.22 冷却水ポンプ並列運転時の運転点

138

同様に、200Rt冷却水ポンプの運転状態を図5.22(b)に示す。配管系の抵抗式は、(5.21″) を用いればよい。設計流量で運転するときの回転数は(2)で示したように92.3%である。変流量運転を行うときの回転数は、式 (5.23m) ＝式 (5.21″) として下式の解を求めれば良い。

$$29.4m^2 + 0.366Q_{200}m - 1.02Q^2_{200} = 2.22Q^2_{200} + 4$$

設計流量の50%の流量で運転するときの回転数は56.0%と求まり、揚程は7.8 mAqとなる。

(5) 他機定流量

200Rt冷却水ポンプは定流量、300Rt冷却水ポンプを可変速運転したときの運転状態を図5.23(a)に示す。共用回路抵抗は式(5.19)で流量を $Q_{500} = Q_{300} + 2.6$ として

$$P_{500} = 0.189Q^2_{300} + 0.985Q_{300} + 5.28$$

全配管系の抵抗式は、300Rt個別回路式(5.17)を加算して

$$P_{300} = 0.781Q^2_{300} + 0.985Q_{300} + 5.28 \qquad\qquad\cdots (5.27)$$

設計流量で運転するための回転数は並列運転時と変わらず95.1%である。300Rt系を変流量運転するときの回転数は、式 (5.22m) ＝式 (5.27) として、下式の解を求めればよい。

$$29.1m^2 + 0.694Q_{300}m - 0.520Q^2_{300} = 0.781Q^2_{300} + 0.985Q_{300} + 5.28$$

設計流量の50%の流量で運転するときの回転数は62.3%と求まり、揚程は10.2 mAqとなる。このとき共用回路の抵抗は7.9 mAqであるので、200Rt系冷却水ポンプの必要揚程は100%流量で14.9 mAqになるので、回転数は $H_{200-m} = 14.9$ mAqとして84.6%と求まる。

同様に、300Rt冷却水ポンプは定流量、200Rt冷却水ポンプを可変速運転したときの運転状態を図5.23(b)に示す。共用回路の抵抗式は式 (5.19) で $Q_{500} = Q_{200} + 3.9$ として

$$P_{500} = 0.189Q^2_{200} + 1.48Q_{200} + 6.88$$

全配管系の抵抗式は、200Rt個別回路の式 (5.18) を加算して

$$P_{200} = 1.23Q^2_{200} + 1.48Q_{200} + 6.88 \qquad\qquad\cdots (5.28)$$

計画流量で運転するときの回転数は並列運転と同じで92.3%である。200Rt系を変流量運転するときの回転数は、式 (5.23m) ＝式 (5.28) として、下式の解を求めればよい。

(a) 300Rt冷却水ポンプ他機定流量運転点

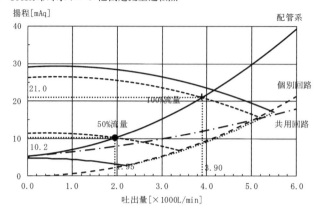

(b) 200Rt冷却水ポンプ他機定流量運転点

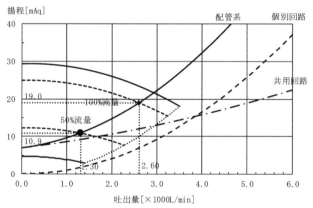

図5.23　冷却水ポンプ他機定流量時の運転点

$$29.4m^2 + 0.366Q_{200}m - 1.02Q^2_{200} = 1.23Q^2_{200} + 1.48Q_{200} + 6.88$$

設計流量の50%の流量で運転するときの回転数は64.7%と求まり、揚程は10.9 mAqとなる。このとき共用回路の抵抗は9.1 mAqであるので、300Rt系冷却水ポンプの必要揚程は100%流量で18.1 mAqになるので、回転数は$H_{300-m} = 18.1$ mAqとして90.0%と求まる。

　本項での計算結果を表5.1にまとめてある。個別配管部の抵抗が全体の50%程度を占めているので仮想特性が急な特性になり、考えられる範囲の運転では、安定し

た運転ができている。回転数が最も低くなるのは、単機運転で設計流量の50%流量の時であるが、50%以下となることはない。並列運転時と比べ単機運転時では、流量が20%程度増えることがあり、実際の配管抵抗が計画値より小さくなるとオーバロードの可能性はありうるが、その場合はわずかな弁調整で回避できる。冷凍機の伝熱管に関しても、一般的に銅チューブの流速は2.0 m/sec程度で設計されているので、この程度の流速の増加はエロージョン・コロージョンの懸念のない範囲である。

表5.1　5.2.3項での計算結果

		運転流量		300Rt系運転点			200Rt系運転点		
		300Rt系 %	200Rt系 %	回転数 %	吐出量 L/min	揚程 mAq	回転数 %	吐出量 L/min	揚程 mAq
流量調整前		未調整	未調整	100.0	4,130	23.1	100.0	2,750	22.6
回転数調整	並列	100	100	95.1	3,900	21.0	92.3	2,600	19.0
		50	50	57.0	1,950	8.3	56.0	1,300	7.8
	300Rt単機	成行	0	95.1	4,400	19.2			
		100	0	85.9	3,900	15.9			
		50	0	53.2	1,950	7.0			
	200Rt単機	0	成行				92.3	3,140	16.1
		0	100				79.2	2,600	12.3
		0	50				50.7	1,300	6.1
	200Rt定流量	50	100	62.3	1,950	10.2	84.6	2,600	14.9
	300Rt定流量	100	50	90.0	3,900	18.1	64.7	1,300	10.9
弁調整	並列	100	100	100.0	3,900	23.9	100.0	2,600	23.4
		50	50	59.1	1,950	9.0	59.2	1,300	8.9
	300Rt単機	成行	0	100.0	4,340	22.3			
		100	0	91.2	3,900	18.8			
		50	0	55.4	1,950	7.7			
	200Rt単機	0	成行				100.0	3,020	21.1
		0	100				88.0	2,600	16.7
		0	50				54.2	1,300	7.2

<参考文献>

荏原製作所：WEBサイト，http://www.ebara.co.jp/

<table>
<tr><td>第 **6** 章</td><td># 演習</td></tr>
</table>

本章では3つの課題を用意している。

課題(1)　屋上設置、単式ポンプ方式

課題(2)　屋上設置、複式ポンプ方式

課題(3)　最下階設置、複式ポンプ方式

6.1　課題(1)

　図6.1.1に示す配管システムについて、図6.1.2の圧力線図・ポンプ運転計画を完成する。

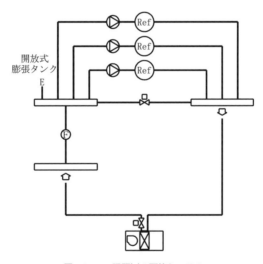

図　6.1.1　課題(1)の配管システム

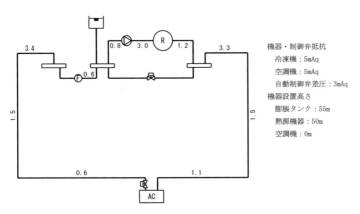

機器・制御弁抵抗
　冷凍機：5mAq
　空調機：5mAq
　自動制御弁差圧：3mAq
機器設置高さ
　膨脹タンク：55m
　熱源機器：50m
　空調機：0m

(a) 圧力線図

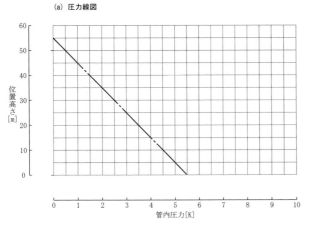

基準点〜ポンプ吐出

	位置高さ[m]	系内圧力[K]
①	50.0	0.50
②		+0.06
③		+0.34
④	−50.0	+0.15
⑤		+0.06
⑥		+0.80
⑦		+0.11
⑧	+50.0	+0.15
⑨		+0.33
⑩		+0.12
⑪		+0.50
⑫		+0.30

基準点〜ポンプ吸込み

	位置高さ[m]	系内圧力[K]
①	50.0	0.50
⑬		−0.08

(b) ポンプ計画運転点

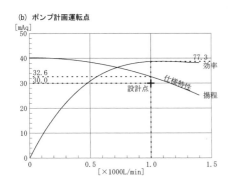

(c) ポンプ運転範囲

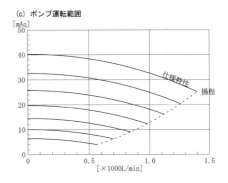

図6.1.2　作成する圧力線図・ポンプ運転計画

(1) 計画概要

① 配管系統

開放式膨脹タンク利用密閉回路　冷凍機は等容量3台、単式ポンプ方式。

　　負荷側配管回路圧力損失3,000 L/minで20.0 mAq、必要最小差圧10.0 mAq

　　熱源側配管回路圧力損失1,000 L/minで10.0 mAq

流量制御方式は最適差圧変流量制御を行うこととし、可変流量範囲は100 ～ 50%、並列運転機は同一負荷率で運転する。

② 一次ポンプ

可変速ポンプとし選定仕様は1,000 L/min×30.0 mAqで、流量調整は回転数調整で行うこととする。性能表を表6.1.1に、特性図を図6.1.3に示す。特性式は下式のとおり定まる。

$$H = -7.93Q^2 + 0.344Q + 40.2$$

$$\eta_p = 38.8Q^3 - 150Q^2 + 189Q$$

表6.1.1　一次ポンプの性能表

吐出量	L/min	0	417	833	1,250	1,360
全揚程	mAq	40.2	39.0	35.0	28.2	25.2
ポンプ効率	%	0.0	55.8	74.8	77.8	75.8
電動機効率	%	90.6	91.5	91.1	90.7	90.6
電動機出力	kW	2.90	4.75	6.34	7.40	7.58
電動機入力	kW	3.20	5.19	6.96	8.15	8.37
電流 (200V)	A	14.6	19.1	23.9	27.3	27.9

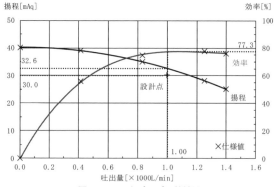

図6.1.3　一次ポンプの特性図

(2)　圧力線図

　配管回路図を図6.1.4に示す。配管系統図では管内圧力との照合が難しいので、配管回路図に書き直す。図6.1.4には計算する順に丸番号を記入してあるが、膨張管取出し位置が基準点となるので①とし、①からポンプ吐出⑫まで、①からポンプ吸込み⑬まで振っている。図6.1.4には各区間の圧力損失および機器の設置高さ・圧力損失も記載してある。

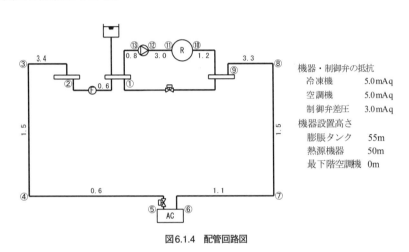

図6.1.4　配管回路図

機器・制御弁の抵抗
冷凍機　　　5.0mAq
空調機　　　5.0mAq
制御弁差圧　3.0mAq
機器設置高さ
膨脹タンク　55m
熱源機器　　50m
最下階空調機　0m

　図6.1.2(a)には圧力線図を作成する。図6.1.2(a)には、既に静水頭線を記入してある。まず、表6.1.2の管内圧力の計算表を作成する。計算表の各点の位置高さ・圧力を圧力線図上にプロットし、それをつなぐと圧力線図が完成する。完成したものを図6.1.5に示す。圧力基準点①は位置高さ50 mで、静水頭は0.5Kである。ポンプの設置高さは50 mで、ポンプの吸込み圧力⑬は、静止時は静水頭と等しく0.5K、運転時は0.42Kであり、必要揚程は30.0 mAqなのでポンプ出口圧力⑫は3.42Kに、冷凍機入口圧力⑪は3.12Kになる。最適差圧制御を行うので、系内の最大圧力は設計流量時の往き管下端⑦で7.02Kである。

(3)　ポンプ運転計画

　図6.1.2(b)にはポンプの計画運転点を記入する。まず、配管回路の抵抗式を熱源側と負荷側に分けて求めておく。熱源側回路の抵抗P_mはポンプ1台の吐出量をQ_1として

表6.1.2　管内圧力計算表

位置		位置高さ		管内圧力	
		変化 m	位置高さ m	変化 K	圧力 K
基準点～ポンプ吐出					
①	基準点		50.0		0.50
②	戻り二次ヘッダ		50.0	+0.06	0.56
③	還り管上端		50.0	+0.34	0.90
④	還り管下端	−50.0	0.0	+0.15	6.05
⑤	空調機出口		0.0	+0.06	6.11
⑥	空調機入口		0.0	+0.80	6.91
⑦	往き管下端		0.0	+0.11	7.02
⑧	往き管上端	+50.0	50.0	+0.15	2.17
⑨	送りヘッダ		50.0	+0.33	2.50
⑩	冷凍機出口		50.0	+0.12	2.62
⑪	冷凍機入口		50.0	+0.50	3.12
⑫	ポンプ吐出		50.0	+0.30	3.42
基準点～ポンプ吸込み					
①	基準点		50.0		0.50
⑬	ポンプ吸込み		50.0	−0.08	0.42

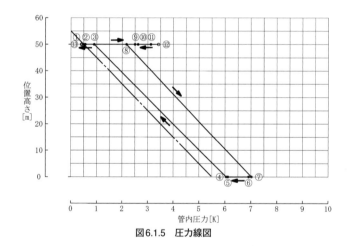

図6.1.5　圧力線図

$$P_m = 10.0Q_1{}^2$$

供給差圧 P_s は、負荷流量を Q_s として二次式で想定し、

$$P_s = 1.11Q_s{}^2 + 10$$

②～①の抵抗は供給差圧に含んでいる。正しく変流量制御が行われれば、運転台数を n として $Q_s = nQ_1$ であるので、配管系としての抵抗式は

$$P = P_s + P_m = (1.11n^2 + 10.0)\, Q_1^2 + 10$$

流量調整は回転数調整により行うので、設計点で運転するときの回転数を求める。回転数 m での揚程式は

$$H_{1-m} = -7.93Q_1^2 + 0.344mQ_1 + 40.2m^2$$

設計点の揚程は30.0 mAqであるので、設計点で運転するときの回転数は下式を解いて求める。

$$-7.93Q_1^2 + 0.344mQ_1 + 40.2m^2 = 30.0$$

$$m = \frac{-0.344Q_1 + \sqrt{(0.344Q_1)^2 - 4 \times 40.2 \times (-7.93Q_1^2 - 30.0)}}{2 \times 40.2}$$

$Q_1 = 1.0 \ \mathrm{m^3/min}$ として、$m = 0.967$ と求まる。揚程式は

$$H_{1-0.967} = -7.93Q_1^2 + 0.333Q_1 + 37.6$$

仮想揚程は熱源側回路の抵抗 P_m を減じて

$$H'_{1-0.967} = -17.9Q_1^2 + 0.333Q_1 + 37.6$$

効率式は

$$\eta_{p-0.967} = 42.9Q^3 - 161Q^2 + 195Q$$

計画運転点はポンプの揚程 H_{1-m} と配管系抵抗 P の交点としても、ポンプ仮想揚程 H'_{1-m} と供給差圧 P_s の交点としても定まる。計画運転点を記入したものを図6.1.6に示す。計画運転点の状態値は図中の表のとおり、吐出量は1,000で、揚程は30.0 mAq、効率は77.5%であり、軸動力は6.3 kWと算定される。電動機入力は電動機効率を90.0%、電流値は力率を85%として計算してある。

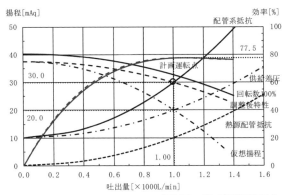

計画運転点 回転数＝96.7%	
吐出量	1,000　L/min
揚程	30.0　mAq
水動力	4.9　kW
ポンプ効率	77.5　%
軸動力	6.3　kW
電動機効率	90.0　%
電動機入力	7.0　kW
力率	85.0　%
電流（200V）	23.9　A

図6.1.6　ポンプの計画運転点

　図6.1.2(c)はポンプ1台の特性であり、最適差圧変流量制御を行ったときの運転点の範囲を表すのに用いる。正しく変流量制御が行われれば、運転点は配管系の抵抗のとおりに変化する。配管系の抵抗式は $P_m + P_s$ であるので、運転点は下式のとおり変化する。

　1台運転時は、吐出量 $0 \sim 1{,}000$ L/min、$n = 1$ として $P = 11.1Q_1^2 + 10$ 、

　2台運転時は、吐出量 $500 \sim 1{,}000$ L/min、$n = 2$ として $P = 14.4Q_1^2 + 10$、

　3台運転時は、吐出量 $667 \sim 1{,}000$ L/min、$n = 3$ として $P = 20.0Q_1^2 + 10$、

運転範囲を書き加えたものを図6.1.7に、運転台数毎の運転状態の変化範囲を表6.1.3に示す。

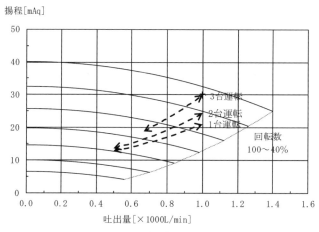

図6.1.7　ポンプの運転範囲

表6.1.3　ポンプ運転台数毎のポンプの運転範囲

運転台数	範囲	系運転状態		ポンプ運転点			
		系流量 m³/min	供給差圧 mAq	回転数 %	吐出量 m³/min	揚程 mAq	効率 %
1台	下限	0.50	10.3	60.4	0.50	12.8	75.4
	上限	1.00	11.1	84.6	1.00	21.1	77.3
2台	下限	1.00	11.1	62.1	0.50	13.6	74.9
	上限	2.00	14.4	89.3	1.00	24.4	77.5
3台	下限	2.00	14.4	74.4	0.67	18.9	76.5
	上限	3.00	20.0	96.7	1.00	30.0	77.5

6.2 課題(2)

図6.2.1に示す配管システムについて、図6.2.2圧力線図、図6.2.3ポンプ運転計画
を完成する。

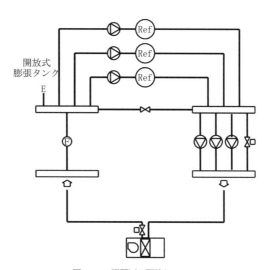

図6.2.1 課題(2)の配管システム

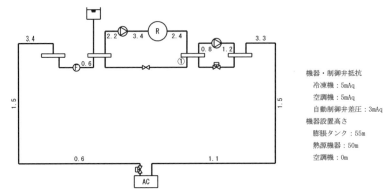

機器・制御弁抵抗
　冷凍機：5mAq
　空調機：5mAq
　自動制御弁差圧：3mAq
機器設置高さ
　膨張タンク：55m
　熱源機器：50m
　空調機：0m

(a) 熱源側回路

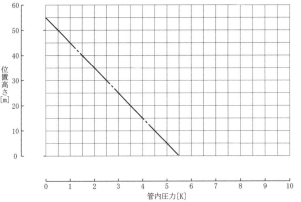

基準点～ポンプ吐出

	位置高さ[m]	系内圧力[K]
①	50.0	0.50
②		+0.24
③		+0.50
④		+0.34

基準点～ポンプ吸込み

	位置高さ[m]	系内圧力[K]
①	50.0	0.50
⑤		-0.22

(b) 負荷側回路

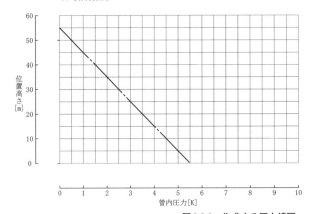

基準点～ポンプ吐出

	位置高さ[m]	系内圧力[K]
①	50.0	0.50
⑥		+0.06
⑦		+0.34
⑧	-50.0	+0.15
⑨		+0.06
⑩		+0.80
⑪		+0.11
⑫	+50.0	+0.15
⑬		+0.33
⑭		+0.12

基準点～ポンプ吸込み

	位置高さ[m]	系内圧力[K]
①	50.0	0.50
⑮		-0.08

図6.2.2　作成する圧力線図

(a) 一次ポンプ計画運転点

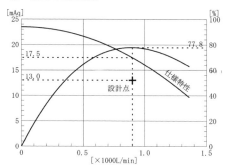

計画運転点	吐出量	900	L/min
	揚程	17.5	mAq
	水動力		kW
	ポンプ効率	77.8	%
	軸動力		kW
	電動機効率	90.0	%
	電動機入力		kW
	力率	0.85	
	電流(200V)		A

(b) 二次ポンプ計画運転点

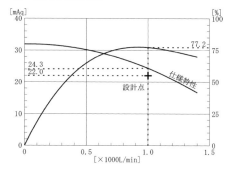

計画運転点	吐出量	1,000	L/min
	揚程	22.0	mAq
	水動力		kW
	ポンプ効率	76.8	%
	軸動力		kW
	電動機効率	90.0	%
	電動機入力		kW
	力率	0.85	
	電流(200V)		A

(c) 二次ポンプ運転範囲

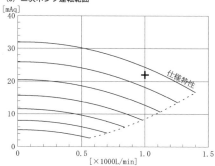

(d) 二次ポンプ並列運転状態

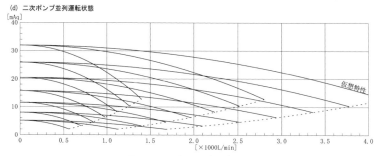

図6.2.3　作成するポンプ運転計画

151

(1) 計画概要

① 配管系統

開放式膨脹タンク利用密閉回路　冷凍機は等容量3台、複式ポンプ方式、

　　負荷側配管抵抗3,000 L/minで20.0 mAq、

　　熱源側配管抵抗　一次側900 L/minで13.0 mAq、

　　　　　　　　　　二次側1,000 L/minで2.0 mAq

二次ポンプの制御は差圧一定変流量方式とし、台数制御は設計流量による。

② 一次ポンプ

　定速ポンプとし選定仕様は900 L/min×13.0 mAq、流量調整は弁調整で行う。
性能表を表6.2.1に、特性図を図6.2.4に示す。特性式は下式のとおり定まる。

$$H = -7.59Q^2 + 0.143Q + 23.5$$
$$\eta_p = 22.9Q^3 - 139Q^2 + 193Q$$

表6.2.1　一次ポンプの性能表

吐出量	L/min	0	417	833	1,250	1,360
全揚程	mAq	23.5	22.2	18.3	12.0	9.5
ポンプ効率	%	0.0	58.7	76.3	70.7	61.6
電動機効率	%	90.1	90.0	89.3	89.0	89.1
電動機出力	kW	1.91	2.57	3.25	3.47	3.41
電動機入力	kW	2.12	2.85	3.64	3.89	3.83
電流 (200 V)	A	7.59	9.53	11.72	12.42	12.23

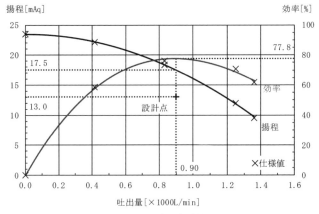

図6.2.4　一次ポンプの特性図

③　二次ポンプ

　可変速ポンプとし選定仕様は1,000 L/min×22.0 mAq、吐出量下限は140 L/min、流量調整は回転数調整で行う。性能表を表6.2.2に、特性図を図6.2.5に示す。特性式は下式のとおり定まる。

$$H = -8.23Q^2 + 0.623Q + 31.9$$
$$\eta_p = 40.8Q^3 - 166Q^2 + 203Q$$

表6.2.2　二次ポンプの性能表

吐出量	L/min	0	417	833	1,250	1,400
全揚程	mAq	31.9	30.8	26.7	19.8	16.7
ポンプ効率	%	0.0	59.0	76.3	74.1	69.2
電動機効率	%	90.0	91.0	90.5	90.0	89.9
電動機出力	kW	2.15	3.55	4.76	5.45	5.51
電動機入力	kW	2.39	3.90	5.26	6.06	6.12
電流 (200V)	A	9.7	13.6	17.3	19.6	19.8

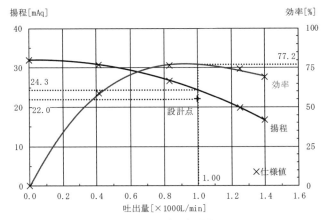

図6.2.5　二次ポンプの特性図

(2) 圧力線図

　配管系統を配管回路図に書直したものを図6.2.6に示す。図6.2.6には計算する順に丸番号を記入してあるが、膨張管取出し位置が圧力基準点となるので①とし、熱源側回路は①から一次ポンプ吐出④までとポンプ吸込み⑤まで振っている。負荷側回路は①から二次ポンプ吐出⑭までとポンプ吸い込み⑮まで振っている。図6.2.6には各区間の圧力損失および機器の設置高さ・圧力損失値も記載してある。

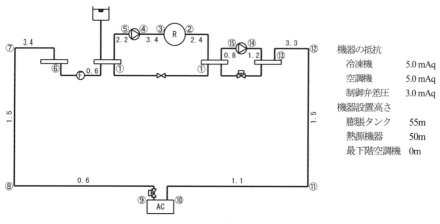

図6.2.6　配管回路図

①　熱源側回路

　図6.2.2(a)には熱源側回路の圧力線図を作成する。図6.2.2(a)には、既に静水頭線を記入してある。まず、表6.2.3に示す熱源側回路の管内圧力の計算表を作成する。計算表の各点の位置高さ・圧力を圧力線図上にプロットし、それをつなぐと圧力線図が完成する。完成したものを図6.2.7に示す。圧力基準点①は位置高さ50 mで、静水頭は0.5Kである。一次ポンプの設置高さは50 mで、ポンプの吸込み圧力⑤は、静止時は静水頭と等しく0.5K、運転時0.28Kであり、必要揚程は13.0 mAqなので、ポンプ出口圧力④は1.58K、冷凍機の入口圧力③は1.24Kになる。ポンプの揚程が17.5 mAqであれば4.5 mAqの弁調整が必要で、吐出圧は2.03K、④〜③の圧力損失は7.9 mAqになる。

表6.2.3　熱源側回路の管内圧力計算表

位置		位置高さ		管内圧力	
		変化 m	位置高さ m	変化 K	圧力 K
基準点～ポンプ吐出					
①	基準点		50.0		0.50
②	冷凍機出口		50.0	+0.24	0.74
③	冷凍機入口		50.0	+0.50	1.24
④	ポンプ吐出		50.0	+0.34	1.58
基準点～ポンプ吸込み					
①	基準点		50.0		0.50
⑤	ポンプ吸込み		50.0	－ 0.22	0.28

(a) 熱源側回路

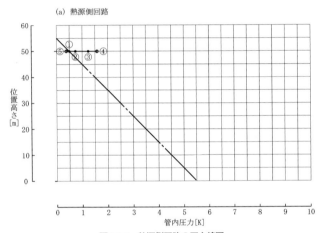

図6.2.7　熱源側回路の圧力線図

② 負荷側回路の圧力線図

図6.2.2(b)には負荷側回路の圧力線図を作成する。圧力基準点は熱源側回路と同じである。熱源側回路と同様に、表6.2.4の管内圧力の計算表を作成し、各点をプロットしそれをつなぐと圧力線図が完成する。完成した圧力線図を図6.2.8に示す。ポンプの設置高さは50 m、静水頭は0.5Kで、ポンプの吸込み圧力⑮は静止時0.5K，運転時0.42Kであり、必要揚程は22.0 mAqなので、回転数で調整すると吐出圧は2.62Kになる。最大圧力となるのは往き管下端⑪であり、差圧一定変流量制御であるので、送り圧力⑬は2.5Kで変わらず送り管の抵抗がほぼ0になれば⑪の圧力は7.5Kとなる。

表6.2.4 負荷側回路の管内圧力計算表

位置		位置高さ		管内圧力	
		変化 m	位置高さ m	変化 K	圧力 K
基準点～ポンプ吐出					
①	基準点		50.0		0.50
⑥	戻り二次ヘッダ		50.0	+0.06	0.56
⑦	還り管上端		50.0	+0.34	0.90
⑧	還り管下端	−50.0	0.0	+0.15	6.05
⑨	空調機出口		0.0	+0.06	6.11
⑩	空調機入口		0.0	+0.80	6.91
⑪	往き管下端		0.0	+0.11	7.02
⑫	往き管上端	+50.0	50.0	+0.15	2.17
⑬	送り二次ヘッダ		50.0	+0.33	2.50
⑭	ポンプ吐出		50.0	+0.12	2.62
基準点～ポンプ吸込み					
①	基準点		50.0		0.50
⑮	ポンプ吸込み		50.0	−0.08	0.42

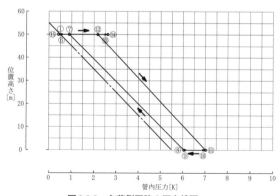

図6.2.8 負荷側回路の圧力線図

(3)　ポンプ運転計画

①一次ポンプ

図6.2.3(a)には一次ポンプの計画運転点を記入する。ポンプの揚程は設計吐出量で17.5 mAqであるので、弁調整で4.5 mAq調整する。配管系の抵抗Pは、

$$P = 16.1Q^2$$

流量調整後の配管系の抵抗P'は

$$P' = 21.6Q^2$$

計画運転点はポンプの揚程Hと流量調整後の配管系抵抗P'の交点として定まる。計画運転点を記入したものを図6.2.9に示す。計画運転点の状態値は図中の表のとおりで、吐出量は900 L/min、揚程は17.5 mAqで、効率は77.8%であり、軸動力は3.3 kWと算定される。電動機入力は電動機効率を90.0%、電流値は力率を85%として計算してある。

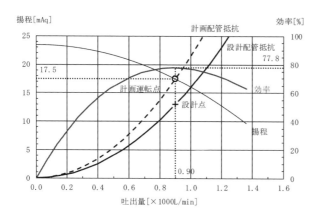

計画運転点

吐出量	900	L/min
揚程	17.5	mAq
水動力	2.6	kW
ポンプ効率	77.8	%
軸動力	3.3	kW
電動機効率	90.0	%
電動機入力	3.7	kW
力率	85.0	%
電流(200V)	12.5	A

図6.2.9　一次ポンプの計画運転点

② 　二次ポンプ

図6.2.3(c)には二次ポンプの計画運転点を記入する。まず、配管回路の抵抗式を求めておく。配管系の抵抗のうち、熱源側回路の抵抗P_mはポンプ1台の吐出量をQ_1として

$$P_m = 2.0Q_1^2$$

供給差圧P_sは一定で、

$P_s = 20$

⑥～①の抵抗は供給差圧に含んでいる。正しく変流量制御が行われれば配管系の抵抗Pは

$$P = P_s + P_m = 2.0Q_1^2 + 20$$

流量調整は回転数調整により行うので、設計点で運転するときの回転数を求める。回転数mでの揚程式は

$$H_{1-m} = -8.23Q_1^2 + 0.623mQ_1 + 31.9m^2$$

設計点の揚程は22.0 mAqであるので、設計点で運転するときの回転数は下式を解いて求まる。

$$-8.23Q_1^2 + 0.623mQ_1 + 31.9m^2 = 22.0$$

$$m = \frac{-0.623Q_1 + \sqrt{(0.623Q_1)^2 - 4 \times 31.9 \times (-8.23Q_1^2 - 22.0)}}{2 \times 31.9}$$

$Q_1 = 1.0$ m³/min として、$m = 0.963$ と求まる。揚程式は

$$H_{1-0.963} = -8.23Q_1^2 + 0.600Q_1 + 29.6$$

仮想揚程は熱源側回路の抵抗P_mを減じて

$$H'_{1-0.963} = -10.2Q_1^2 + 0.600Q_1 + 29.6$$

効率式は

$$\eta_{p-0.963} = 45.6Q^3 - 179Q^2 + 210Q$$

計画運転点はポンプの揚程$H_{1-0.963}$と配管系抵抗Pの交点としても、ポンプ仮想揚程$H'_{1-0.963}$と供給差圧P_sの交点としても定まる。計画運転点を記入したものを図

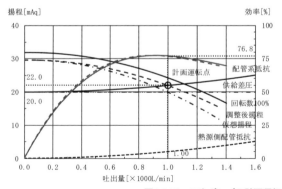

計画運転点	回転数96.3%
吐出量	1,000 L/min
揚程	22.0 mAq
水動力	3.6 kW
ポンプ効率	76.8 %
軸動力	4.7 kW
電動機効率	90.0 %
電動機入力	5.2 kW
力率	85.0 %
電流(200V)	17.6 A

図6.2.10　二次ポンプの計画運転点

6.2.10に示す。計画運転点の状態値は図中の表のとおりで、吐出量1,000 L/min、揚程は22.0 mAqで、効率は76.8%であり、軸動力は4.7 kWと算定される。電動機入力は、効率を90.0%、電流値は力率を85%として計算してある。

図6.2.3(d)はポンプ1台の特性であり、差圧一定変流量制御を行ったときの運転点の変化範囲を表すのに用いる。正しく変流量制御が行われれば、運転点は配管系の抵抗のとおりに変化する。配管系の抵抗式は$P_m + P_s$であるので、運転点は下式のとおり変化する。

1台運転時は、吐出量0 ～ 1,000 L/min、$P = 2.0Q_1^2 + 20$ 、

2台運転時は、吐出量500 ～ 1,000 L/min、$P = 2.0Q_1^2 + 20$、

3台運転時は、吐出量667 ～ 1,000 L/min、$P = 2.0Q_1^2 + 20$、

運転点を書き加えたものを図6.2.11に示す。

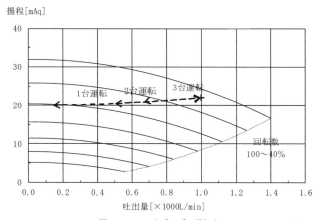

図6.2.11　二次ポンプの運転点

図6.2.3(e)は、並列運転の状態を表すために仮想特性を並列合成したもので、n台並列運転の仮想揚程$H'n$は

$$H'_n = -\frac{10.2}{n^2}Q^2 + \frac{0.623}{n}Q + 31.9$$

回転数mでは

$$H'_{n-m} = -\frac{10.2}{n^2}Q^2 + \frac{0.623}{n}mQ + 31.9m^2$$

運転点は仮想揚程H'_{n-m}と供給差圧P_sの交点として定まるが、供給差圧は20 mAq
で一定であるから、運転点は仮想揚程20 mAq一定で変化する。運転範囲を書き加
えたものを図6.2.12に、運転台数毎の運転状態の変化範囲を表6.2.5に示す。

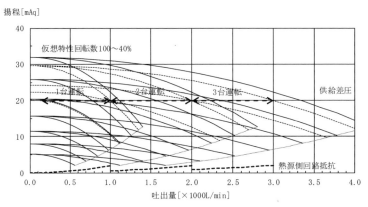

図6.2.12　並列運転の運転状態

表6.2.5　二次ポンプ運転台数毎のポンプの運転範囲

運転台数	範囲	系運転状態		ポンプ運転点			
		系流量 m³/min	供給差圧 mAq	回転数 %	吐出量 m³/min	揚程 mAq	効率 %
1台	下限	0.14	20.0	79.4	0.14	20.0	30.8
	上限	1.00	20.0	96.3	1.00	22.0	76.8
2台	下限	1.00	20.0	83.6	0.50	20.5	70.5
	上限	2.00	20.0	96.3	1.00	22.0	76.8
3台	下限	2.00	20.0	87.0	0.67	20.9	76.0
	上限	3.00	20.0	96.3	1.00	22.0	76.8

6.3 課題⑶

　図6.3.1に示す配管システムについて、図6.3.2圧力線図、図6.3.3ポンプ運転計画を完成する。

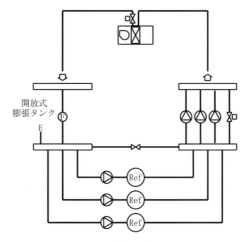

図6.3.1　課題⑶の配管システム

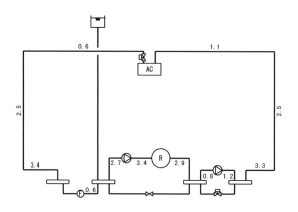

(a) 熱源側回路

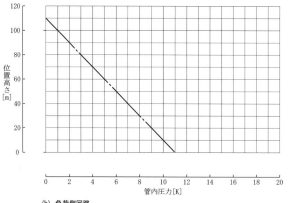

基準点～ポンプ吐出

	位置高さ[m]		系内圧力[K]	
①		0.0		11.00
②			+0.29	
③			+0.70	
④			+0.34	

基準点～ポンプ吸込

	位置高さ[m]		系内圧力[K]	
①		0.0		11.00
⑤			-0.27	

(b) 負荷側回路

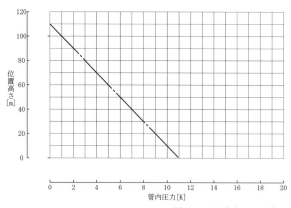

基準点～ポンプ吐出

	位置高さ[m]		系内圧力[K]	
①		0.0		11.00
⑥			+0.06	
⑦			+0.34	
⑧	+100.0		+0.25	
⑨			+0.06	
⑩			+0.80	
⑪			+0.11	
⑫	-100.0		+0.25	
⑬			+0.33	
⑭			+0.12	

基準点～ポンプ吸込

	位置高さ[m]		系内圧力[K]	
①		0.0		11.00
⑮			-0.08	

図6.3.2　作成する圧力線図

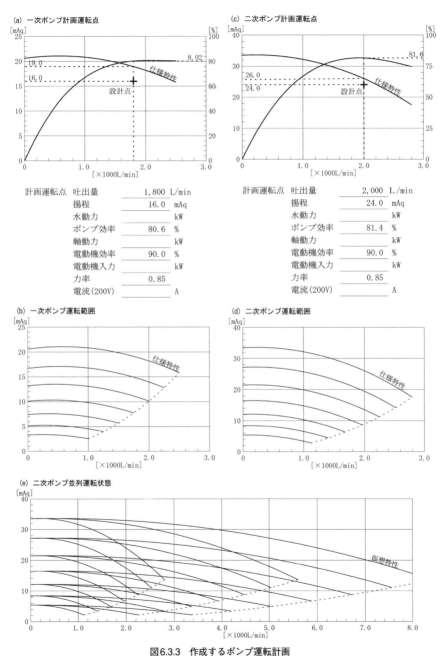

(a) 一次ポンプ計画運転点　　(c) 二次ポンプ計画運転点

計画運転点	吐出量	1,800	L/min
	揚程	16.0	mAq
	水動力		kW
	ポンプ効率	80.6	%
	軸動力		kW
	電動機効率	90.0	%
	電動機入力		kW
	力率	0.85	
	電流(200V)		A

計画運転点	吐出量	2,000	L/min
	揚程	24.0	mAq
	水動力		kW
	ポンプ効率	81.4	%
	軸動力		kW
	電動機効率	90.0	%
	電動機入力		kW
	力率	0.85	
	電流(200V)		A

(b) 一次ポンプ運転範囲　　(d) 二次ポンプ運転範囲

(e) 二次ポンプ並列運転状態

図6.3.3　作成するポンプ運転計画

(1) 計画概要

① 配管系統

開放式膨脹タンク利用密閉回路　複式ポンプ方式、冷凍機は等容量3台、耐圧は10Kで区分する。配管系の抵抗は下記を見込む。

　　負荷側配管抵抗　6,000 L/minで22.0 mAq、必要最小差圧10.0 mAq

　　熱源側配管抵抗　一次側1,800 L/minで16.0 mAq、

　　　　　　　　　　　　二次側2,000L/minで2.0mAq

冷凍機は50%を下限とした変流量運転が可能とする。流量制御方式は最適差圧変流量方式を採用し、台数制御は設計流量による。

② 一次ポンプ

可変速ポンプとし選定仕様は1,800 L/min×16.0 mAq、変流量範囲は100～50%、流量調整は回転数調整で行う。性能表を表6.3.1に、特性図を図6.3.4に示す。特性式は下式のとおり定まる。

$$H = -1.43Q^2 + 1.67Q + 20.6$$

$$\eta_p = 6.76Q^3 - 46.8Q^2 + 107Q$$

表6.3.1　一次ポンプの性能表

吐出量	L/min	0	1,000	1,500	2,000	2,500
全揚程	mAq	20.6	20.8	19.9	18.2	15.8
ポンプ効率	%	0.0	67.3	77.1	81.3	80.2
電動機効率	%	89.3	91.5	91.5	91.2	90.9
電動機出力	kW	2.82	5.04	6.29	7.30	8.04
電動機入力	kW	3.16	5.50	6.87	8.00	8.84
電流 (200 V)	A	18.2	23.2	26.6	29.6	31.9

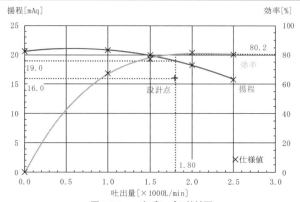

図6.3.4　一次ポンプの特性図

③ 二次ポンプ

可変速ポンプとし選定仕様は2,000 L/min×24.0 mAq、吐出量下限は280 L/min、流量調整は回転数調整で行う。性能表を表6.3.2に、特性図を図6.3.5に示す。特性式は下式のとおり定まる。

$$H = -2.44Q^2 + 1.14Q + 33.5$$

$$\eta_p = 4.65Q^3 - 40.0Q^2 + 102Q$$

表6.3.2 二次ポンプの性能表

吐出量	L/min	0	833	1,670	2,500	2,800
全揚程	mAq	33.5	32.7	28.6	21.1	17.5
ポンプ効率	%	0.0	60.3	80.2	78.8	74.3
電動機効率	%	91.4	92.2	92.1	91.8	91.9
電動機出力	kW	4.93	7.35	9.72	10.91	10.75
電動機入力	kW	5.39	7.97	10.55	11.87	11.69
電流(200V)	A	22.1	27.8	35.1	39.2	38.6

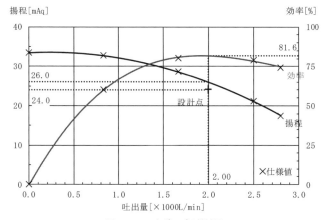

図6.3.5 二次ポンプの特性図

(2) 圧力線図

配管系統を配管回路図に書直したものを図6.3.6に示す。図6.3.6には計算する順に丸番号を記入してあるが、膨張管取出し位置が圧力基準点となるので①とし、熱源側回路は①から一次ポンプ吐出④までとポンプ吸込み⑤まで振っている。負荷側回路は①から二次ポンプ吐出⑭までとポンプ吸込み⑮まで振っている。図6.3.6には各区間の圧力損失および機器の設置高さ・圧力損失も記載してある。

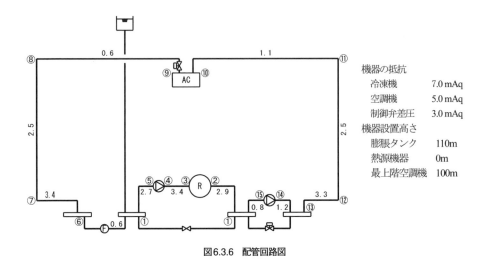

図6.3.6　配管回路図

① 熱源側回路

　図6.3.2(a)には熱源側回路の圧力線図を作成する。図6.3.2(a)には、既に静水頭線を記入してある。まず、表6.3.3に示す熱源側回路の管内圧力の計算表を作成する。計算表の各点の位置高さ・圧力を圧力線図上にプロットし、それをつなぐと圧力線図が完成する。圧力基準点①は位置高さ0 mで、静水頭は11.0Kである。一次ポンプの設置高さは0 mで、ポンプの吸込み圧力⑤は、静止時は静水頭と等しく11.0K、運転時10.73Kであり、必要揚程は16.0 mAqなのでポンプ出口圧力④は12.33Kに、冷凍機入口は11.99Kになる。完成したものを図6.3.7に示す。熱源側回路の耐圧は全て耐圧16Kとしなければならない。本課題ではポンプの吸込み側で負圧になる懸念はないので、ほぼ静水頭に等しいとみなし①＝⑤としてもよい。その場合は①～⑤間の抵抗は④～③に加算すればよいので、ポンプの吸込み圧力は静止時・運転時とも11.0K、出口圧力は12.6Kになり、冷凍機の入口圧力は11.99Kで変らない。

表6.3.3　熱源側回路の管内圧力計算表

位置		位置高さ		管内圧力	
		変化 m	位置高さ m	変化 K	圧力 K
基準点～ポンプ吐出					
①	圧力基準点		0.0		11.00
②	冷凍機出口		0.0	+0.29	11.29
③	冷凍機入口		0.0	+0.70	11.99
④	ポンプ吐出		0.0	+0.34	12.33
基準点～ポンプ吸込み					
①	圧力基準点		0.0		11.00
⑤	ポンプ吸込み		0.0	− 0.27	10.73

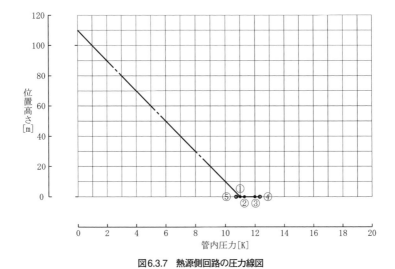

図6.3.7　熱源側回路の圧力線図

②　負荷側回路の圧力線図

　図6.3.2(b)には負荷側回路の圧力線図を作成する。圧力基準点は熱源側回路と同じである。熱源側回路と同様に、表6.3.4に示す負荷側回路の管内圧力の計算表を作成し、各点をプロットしそれをつなぐと圧力線図が完成する。本課題では表現を簡略化するために一部省略し、①→⑮→⑭→⑫→⑪→⑧→⑦→①とプロットする。さらに、⑭～⑫の抵抗を⑫～⑪に、⑦～①の抵抗を⑧～⑦に移行してもよい。ポンプの設置高さは0 m、静水頭は11.0Kで、ポンプの吸込み圧力⑮は静止時11.0K、

運転時10.92Kであり、必要揚程は24.0 mAqなので、回転数で調整すると吐出圧力は13.32Kになる。最適差圧変流量制御であるので、ポンプ吐出が系内の最大圧力となる。耐圧区分は往き管の28 m以下，還り管の15 m以下を16K耐圧とすればよい。完成したものを図6.3.8に示す。熱源側回路と同様にポンプ吸込み⑮を静水頭に等しいとみなし、①〜⑮の抵抗を⑭〜⑬間に移行してもよい。そのようにすると、ポンプの吸込み圧力は静止時・運転時とも11.0K、吐出圧力は13.4Kとなるが、供給圧力⑬は11.99Kで変らず、竪管の圧力区分も変らない。

表6.3.4　負荷側回路の管内圧力計算表

位置		位置高さ		管内圧力	
		変化　m	位置高さ　m	変化　K	圧力　K
基準点〜ポンプ吐出					
①	圧力基準点		0.0		11.00
⑥	戻り二次ヘッダ		0.0	+0.06	(11.06)
⑦	還り管下端		0.0	+0.34	11.40
⑧	還り管上端	+100.0	100.0	+0.25	1.65
⑨	空調機出口		100.0	+0.06	(1.71)
⑩	空調機入口		100.0	+0.80	(2.51)
⑪	往き管上端		100.0	+0.11	2.62
⑫	往き管下端	−100.0	0.0	+0.25	12.87
⑬	送り二次ヘッダ		0.0	+0.33	(13.20)
⑭	ポンプ吐出		0.0	+0.12	13.32
基準点〜ポンプ吸込み					
①	圧力基準点		50.0		11.00
⑮	ポンプ吸込み		50.0	−0.08	10.92

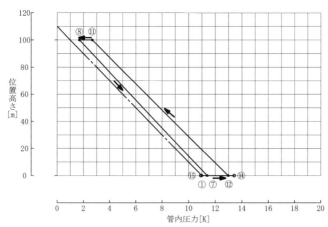

図6.3.8　負荷側回路の圧力線図

(3)　ポンプ運転計画

①　一次ポンプ

図6.3.3(a)には計画運転点を記入する。配管抵抗式は、

$$P = 4.94Q^2$$

流量調整は回転数調整により行うので、設計点で運転するときの回転数を求める。
回転数mでの揚程式は

$$H_{-m} = -1.43Q_1^2 + 1.67mQ_1 + 20.6m^2$$

設計点の揚程は16.0 mAqであるので、設計点で運転するときの回転数は下式を解けばよい。

$$-1.43Q_1^2 + 1.67mQ_1 + 20.6m^2 = 16.0$$

$$m = \frac{-1.67Q_1 + \sqrt{\left(1.67Q_1\right)^2 - 4 \times 20.6 \times \left(-1.43Q_1^2 - 16.0\right)}}{2 \times 20.6}$$

$Q_1 = 1.8$ m³/minとして、$m = 0.931$と求まる。揚程式は

$$H_{-0.931} = -1.43Q_1^2 + 1.55Q_1 + 17.8$$

計画運転点は図6.3.9に示すとおり、ポンプの揚程H_{-m}と配管系抵抗Pの交点として定まる。図中の表には運転点の状態値をまとめてあるが、吐出量1,800 L/min、揚程は16.0 mAq、効率は80.6%であり、軸動力は5.8 kWと算定される。電動機入力は電動機効率を90.0%、電流値は力率を85%として計算してある。

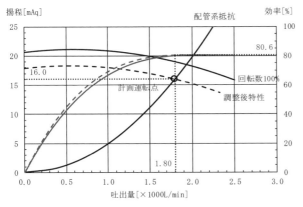

計画運転点　回転数93.1%

吐出量	1,800 L/min
揚程	16.0 mAq
水動力	4.7 kW
ポンプ効率	80.6 %
軸動力	5.8 kW
電動機効率	90.0 %
電動機入力	6.5 kW
力率	85.0 %
電流(200V)	22.0 A

図6.3.9　一次ポンプの計画運転点

　図6.3.3(b)はポンプ1台の特性であり、変流量制御を行ったときの運転点の範囲を表すのに用いる。配管回路は独立した回路であるので、熱源側回路の抵抗式にしたがって運転点は変化する。配管抵抗式は図6.3.9と同じで、運転範囲を書き加えたものを図6.3.10に示す。50%流量では揚程は4.0 mAq、回転数は46.5%である。

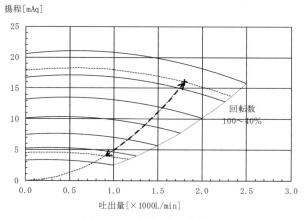

揚程[mAq]

吐出量[×1000L/min]

図6.3.10　一次ポンプの運転範囲

② 二次ポンプ

　図6.3.3 (c) には計画運転点を記入する。まず、配管回路の抵抗式を熱源側回路と供給差圧に分けて求めておく。熱源側回路P_mはポンプ1台の吐出量をQ_1として

$$P_m = 0.5Q_1^2$$

供給差圧P_sは、負荷流量をQ_sとして、

$$P_s = 0.333Q_s^2 + 10$$

⑥〜①の抵抗は供給差圧に含んでいる。正しく変流量制御が行われれば、運転台数をnとして$Q_s = nQ_1$であるので、配管系の抵抗Pは、

$$P = P_s + P_m = (0.333n^2 + 0.50)\,Q_1^2 + 10$$

流量調整は回転数調整により行うので、設計点で運転するときの回転数を求める。回転数mでの揚程式は

$$H_{-m} = -2.44Q_1^2 + 1.14mQ_1 + 33.5m^2$$

設計点の揚程は24.0 mAqであるので、設計点で運転するときの回転数は下式を解いて求まる。

$$- 2.44Q_1^2 + 1.14mQ_1 + 33.5m^2 = 24.0$$

$$m = \frac{-1.14Q_1 + \sqrt{(1.14Q_1)^2 - 4 \times 33.5 \times (-2.44Q_1^2 - 24.0)}}{2 \times 33.5}$$

$Q_1 = 2.0$ m³/min として、$m = 0.971$ と求まる。揚程式は

$$H_{-0.971} = - 2.44Q_1^2 + 1.11Q_1 + 31.6$$

仮想揚程は熱源側回路の抵抗 P_m を減じて

$$H'_{-0.971} = - 2.94Q_1^2 + 1.11Q_1 + 31.6$$

効率式は

$$\eta_{p-0.971} = 5.08Q^3 - 42.4Q^2 + 105Q$$

計画運転点は図6.3.11に示すとおり、ポンプの揚程 H_{-971} と配管系抵抗 P の交点としても、ポンプ仮想揚程 $H'_{-0.971}$ と供給差圧 P_s の交点としても定まる。図中の表には運転点の状態値をまとめてあるが、吐出量2,000 L/min揚程は24.0 mAqで、効率は81.4%であり、軸動力は9.6 kWと算定される。電動機入力は電動機効率を90.0%、電流値は力率85%として計算してある。

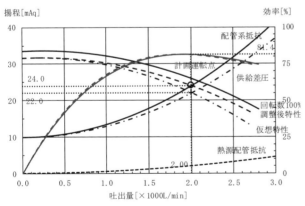

計画運転点　回転数97.1%

吐出量	2,000	L/min
揚程	24.0	mAq
水動力	7.8	kW
ポンプ効率	81.4	%
軸動力	9.6	kW
電動機効率	90.0	%
電動機入力	10.7	kW
力率	85.0	%
電流(200V)	36.3	A

図6.3.11　二次ポンプの計画運転点

図6.3.3(d)はポンプ1台の特性であり、最適差圧変流量制御を行ったときの運転点の範囲を表すのに用いる。正しく変流量制御が行われれば、運転点は配管系の抵抗のとおりに変化する。配管系の抵抗は $P_m + P_s$ であるので、運転点は下式のとおり

変化する。

1台運転時は、吐出量0 〜 2,000 L/min、$n = 1$として$P = 0.833Q_1^2 + 10$ 、

2台運転時は、吐出量1,000 〜 2,000 L/min、$n = 2$として$P = 1.83Q_1^2 + 10$、

3台運転時は、吐出量1,333 〜 2,000 L/min、$n = 3$として$P = 3.50Q_1^2 + 10$、

運転範囲を書き加えたものを図6.3.12に示す。

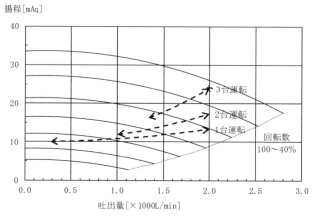

図6.3.12　二次ポンプの運転範囲

図6.3.3(e)は、並列運転の状態を表すために仮想特性を並列合成したもので、n台並列運転の仮想揚程は

$$H_n' = -\frac{2.94}{n^2}Q^2 + \frac{1.14}{n}Q + 33.5$$

回転数mでは

$$H_{n-m}' = -\frac{2.94}{n^2}Q^2 + \frac{1.14}{n}mQ + 33.5m^2$$

運転点は仮想揚程H_{n-m}'と供給差圧P_sの交点として定まるので、運転点は供給差圧式のとおりに変化する。運転範囲を書き加えたものを図6.3.13に、運転台数毎の運転状態の変化範囲を表6.3.5に示す。

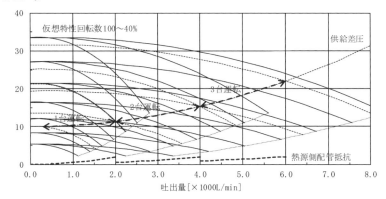

図6.3.13　並列運転の運転状態

表6.3.5　運転台数毎のポンプの運転範囲

運転台数	範囲	系運転状態		ポンプ運転点			
		系流量 m³/min	供給差圧 mAq	回転数 %	吐出量 m³/min	揚程 mAq	効率 %
1台	下限	0.28	10.0	54.9	0.28	10.1	42.3
	上限	2.00	11.3	79.7	2.00	13.3	78.1
2台	下限	2.00	11.3	63.6	1.00	11.8	79.8
	上限	4.00	15.3	86.6	2.00	17.3	79.9
3台	下限	4.00	15.3	76.1	1.33	16.2	81.2
	上限	6.00	22.0	97.1	2.00	24.0	81.4

＜参考文献＞

荏原製作所：WEBサイト，http://www.ebara.co.jp/

索　引

【筆者紹介】

上村　泰

〈主なる業務歴及び資格〉

　SHASE 技術フェロー、技術士（衛生工学部門）、設備設計一級建築士、エネルギー管理士、建築設備士

　京都大学 工学部 衛生工学科卒

　1977 年〜 高砂熱学工業㈱に勤務、設計・見積業務に従事。

　2014 年〜 ㈱関電エネルギーソリューションに勤務、技術開発業務に従事。

〈主なる執筆〉

　空気調和設備計画設計実務の知識（第 3 版）、建築設備集成宿泊施設、建築設備の実務設計ガイド、建築設備の監視制御（いずれも共著）

空調設備配管設計再入門
〜徹底解説　圧力線図とポンプの運転〜

2020 年 4 月 10 日　　　初版第 1 刷発行

2023 年 2 月 10 日　　　第 2 版第 1 刷発行

定　　価　3,300 円（本体 3,000 円＋税 10%）《検印省略》

著　　者　上　村　　泰

発　行　人　小　林　大　作

発　行　所　日本工業出版株式会社

　　　　　　https://www.nikko-pb.co.jp/　e-mail: info@nikko-pb.co.jp

本　　　　社　〒 113-8610　東京都文京区本駒込 6-3-26

　　　　　　　TEL：03-3944-1181　FAX：03-3944-6826

大 阪 営 業 所　〒 541-0046　大阪市中央区平野町 1-6-8

　　　　　　　TEL：06-6202-8218　FAX：06-6202-8287

振　　　　替　00110-6-14874

■乱丁本はお取替えいたします。

ISBN978-4-8190-3207-0　C3052　　　¥3000E